Weihnachten im Allgäu

Berthold Büchele

Weihnachten im Allgäu

SUTTON

Bildnachweis: Archiv Berthold Büchele: S. 6, 29, 42, 54, 58, 101, 104; Manfred Thierer: S. 2, 115, 116, 117, 118, 119, 120, 124, 131, 147, 149, 153, 178; Gästeamt Isny: S. 67, 91; Gästeamt Kempten: S. 68 o; Gästeamt Kisslegg: S. 68 u; Gästeamt Leutlirch: S. 70; Winfried Schwarz (Memmingen): Titelbild und S. 71; Christoph Morlok: S. 73; Josef Stadlmeier: S. 158, 174; Archiv Sutton Verlag: S. 12, 14, 19, 35, 50, 60, 63, 77, 97, 98, 112, 126, 130, 137, 138, 143, 160, 162, 167, 169, 186

Sutton Verlag GmbH
Hochheimer Straße 59
99094 Erfurt
www.suttonverlag.de

Copyright © Sutton Verlag, 2014
ISBN: 978-3-95400-384-6
Druck: CPI books GmbH, Leck

Inhaltsverzeichnis

Zum Autor	6
Vorwort	7
Die Adventszeit	11
Die Weihnachtszeit	95
Schlusswort	179
Glossar	182
Die Mundartautoren dieses Buches	186
Literatur	188

Zum Autor

Berthold Büchele, geboren 1947 in Ratzenried (Allgäu), war bis 2009 Musiklehrer am Gymnasium Wangen. Seit 30 Jahren beschäftigt er sich mit heimatkundlichen Themen, die er in zahlreichen Publikationen einer breiten Öffentlichkeit vorstellte, u.a. sein vierbändiges Werk „Ratzenried – eine Allgäuer Heimatgeschichte". Im Bereich Brauchtum und Musikgeschichte Oberschwabens und des Allgäus widmet er sich der Erforschung und (Neu-)Herausgabe von Liederbüchern, Notenheften, CDs usw. (www.ratzenried.de und www.buechele-musik.de). Für seine Verdienste wurde er mehrfach ausgezeichnet und gewürdigt. Er erhielt die Heimatmedaille des Landes Baden-Württemberg (2002), den Paul-Beck-Preis (verliehen durch die Gesellschaft Oberschwaben 2007) und die Tibor-Ehlers-Medaille (verliehen durch den Schwäbischen Albverein 2009).

Vorwort

Advent, Nikolaus, Weihnachten – wer denkt da nicht an seine Kindheit und Jugend und an die vielen Bräuche, die im Kreis der Familie und im kirchlichen Bereich ihren festen Platz hatten und die für viele tief im Gemüt ein Stück Heimat ausmachen? Der Adventskranz, der Bischof Nikolaus, die Feier der Hl. Nacht, die Hl. Drei Könige – dies sind nur einige Stationen des Brauchtums, die den Zauber der Vorweihnachts- und Weihnachtszeit ausmachen.

Natürlich geht es in diesem Buch auch um diese besondere und gemütvolle Jahreszeit zwischen Advent und Dreikönig. Trotzdem hat es mit den gängigen Weihnachtsbüchern wenig gemein. Hier geht es nicht um die abgedroschenen Klischees vom „Weihnachtsmann", vom „leise rieselnden Schnee" und vom „Kling Glöckchen, klingelingeling", sondern um Besonderes aus dem Allgäu.

Wo ist das Allgäu? Das Allgäu wurde durch die napoleonischen Kriege und das Geschacher der im Südwesten emporgekommenen neuen Fürsten und Könige zwischen 1803 und 1810 in zwei Teile geteilt: in einen bayerischen Teil (Ober- und Ostallgäu) mit den Städten Oberstdorf, Immenstadt, Kempten, Memmingen, Mindelheim und Kaufbeuren und in einen kleineren württembergischen Teil mit den Städten Wangen, Leutkirch und Isny. Dieser württembergische Teil gehört zum Westallgäu, das ebenfalls geteilt ist und ins bayerische Westallgäu-Gebiet hinüberreicht mit den Hauptorten Lindenberg, Weiler und Scheidegg.

Den Mittelpunkt des Buches bilden alte, vielfach schon vergessene Bräuche aus dem Allgäu. Andreas- und Thomasnacht, Barbara- und Klâsentag, Advent, Herbergsuche, Weihnachten, Rauhnächte,

Neujahr und Dreikönig sind wichtige Etappen beim Gang durch die Feste dieses Jahreszeitraums.

Dass es neben dem mit christlichem Gedankengut angefüllten Brauchtum besonders im Allgäu auch eine Reihe von Bräuchen gab, die mit Christlichem wenig oder nichts zu tun hatten, ist heute mehr oder weniger vergessen. Dabei handelt es sich hier teilweise um Vorstellungen, die weit vor die christliche Zeit zurückreichen. Gerade im Allgäu mit seinen abgeschiedenen Einödhöfen, mit seiner dünnen Besiedlung und seiner voralpinen Lage abseits großer Zentren haben sie sich noch länger als anderswo gehalten. Hier lassen sich rudimentäre Spuren aus der keltischen und alemannischen Zeit finden, als unsere Vorfahren noch an Götter und Dämonen, an Magie und übersinnliche Kräfte glaubten.

Genauso interessant sind die Spuren, die die christlichen Missionare hinterließen, die immer wieder versuchten, diese alten und „heidnischen" Vorstellungen zu bekämpfen. Wo sie sich nicht ausmerzen ließen, wurden sie mit christlichem Gedankengut vermischt, um so dem Heidnischen langsam den Boden zu entziehen. Dass dies nicht immer gelang, ist bei der Dickschädligkeit der Allgäuer nicht verwunderlich. Bis ins 18. Jahrhundert hinein kritisierten die Bischöfe immer wieder die außerchristlichen mythisch-magischen und „abergläubischen" Überlieferungen innerhalb der religiösen Bräuche. Trotzdem stehen bis zum heutigen Tag Christliches und Außerchristliches (z. B. der heidnische Klâs und der christliche Nikolaus) in seltsamem Nebeneinander. Dies ist typisch für das Allgäuer Brauchtum – und ein besonderer Reiz dieses Buches.

Neben den teils uralten Bräuchen werden Klâsen- und Weihnachtslieder aus dem Allgäu veröffentlicht, die in kaum einem Liederbuch zu finden bzw. teilweise einmalig im deutschsprachigen Raum sind und die sich hier in der abgeschiedenen Allgäuecke mündlich oder schriftlich erhalten haben. Die Lieder lassen sich teilweise bis ins 17. Jahrhundert zurückverfolgen und sind äußerst wertvolle und seltene kulturgeschichtliche Dokumente des Allgäuer Advents- und Weihnachtsbrauchtums. Der Autor hat 1996 ein Buch veröffentlicht mit dem Titel: „Vom Klâsêtag bis Wihnächtê", in dem rund 60 Lieder – mit Melodien – abgedruckt sind. Einige schwäbische Weihnachtslieder wurden auch in seinem Liederbuch „Schwäbisch g'sunge" und auf den zwei CDs mit Weihnachtsmusik aus Oberschwaben und dem Allgäu veröffentlicht, die im Verzeichnis am Ende des Buches zu finden sind. Die Lieder dieses Buches sind zum größten Teil noch unveröffentlicht.

Ein besonderes Flair erhält das Buch auch durch Mundartgedichte und -geschichten, geschrieben in teils schwäbischer, teils alemannischer (westallgäuer) Mundart. Gerade durch die Mundart kommt ja das Denken und Fühlen einer Region am anschaulichsten, am unverfälschtesten und bildhaftesten zum Ausdruck.

Die alemannische Mundart war im Westallgäu vom Mittelalter bis um ca. 1900 verhältnismäßig unverändert geblieben und ein seltenes Relikt der alten alemannischen Sprache und des Mittelhochdeutschen gewesen, während andere Regionen Alemanniens bzw. Schwabens schon seit dem 14. Jahrhundert immer mehr „hochdeutsche" Elemente wie z.B. die Diphtongierung annahmen, d.h. die alten Vokale diphtongierten: Beispielsweise wurde u zu au und i zu ei (aus Hus wurde Haus, aus wit wurde weit). Neben dem „Altschwäbischen" (Alemannischen) bildete sich also das „Neuschwäbische" heraus. Diese Tendenz setzte sich in den letzten Jahrhunderten fort. Die Sprachgrenze wandert immer weiter nach Süden. Das „Neuschwäbische" wird inzwischen mit geringen Lautunterschieden in den meisten Teilen des Allgäus gesprochen.

Inzwischen gibt es im württembergischen Allgäu nur noch letzte Reste der alten Mundart. Bald wird auch das bayerische Westallgäu „überrollt" sein. Neben den alten Bräuchen und

Liedern soll deshalb in diesem Buch neben der schwäbischen auch der alten alemannischen Mundart unserer Gegend ein Denkmal gesetzt werden (Worterklärungen im Anhang).

Daneben spricht dieses Buch auch noch Gaumen und Auge an. Den Gaumen mit einigen typischen Rezepten und das Auge durch Fotos mit weihnachtlichen Motiven aus unserer Region.

Schließlich werden die Weihnachtsmärkte der Region vorgestellt. Die malerische verschneite Allgäuer Landschaft, die hübsch renovierten Städte und Dörfer sowie die angebotenen regionalen Produkte, die Augen, Ohren und Gaumen bezaubern, bieten eine schöne Mischung dar.

Durch diese Mixtur aus Allgäuer Besonderheiten werden dem Leser Einblicke in das wenig bekannte regionale Allgäuer Brauchtum ermöglicht.

Berthold Büchele
Ratzenried, im Frühjahr 2014

Die Adventszeit

Es gibt kaum eine Zeit im Jahreslauf, die so reich an Bräuchen und Liedern ist wie die Advents- und Weihnachtszeit. Obwohl im Kirchenjahr das Osterfest als höchster Feiertag eingestuft wird, ist die Weihnachtszeit mit ihren stimmungsvollen und volkstümlichen Bräuchen viel tiefer in der Volksseele verwurzelt.

Die Adventszeit ist die Zeit des Dunkels und des Hell-Werdens, der Vorbereitung und der Vorfreude auf das große Fest. In alten Adventsliedern wird denn auch immer wieder das Warten des Volkes Israel auf das Kommen des Erlösers besungen, so wie auch in diesem Lied aus einer Allgäuer Handschrift:

> *Ach, wann kommen jene Stunden,*
> *ach, wann kommt doch jene Zeit,*
> *da der Heiland wird gefunden,*
> *und durch ihn die Welt erfreut!*
> *Du, oh Gott, hast längst versprochen,*
> *uns zu senden deinen Sohn,*
> *die von dir bestimmten Wochen*
> *laufen ja zu Ende schon!*

> *Ach, hier in den Finsternissen*
> *mangelt uns dein göttlich's Licht;*
> *die Schuld Adams, die wir büßen,*
> *uns verhüllt dein Angesicht.*
> *Ach, lass doch der Welt bald sehen*
> *deiner Güte Wunderkraft,*
> *lass die Gnadensonn' aufgehen*
> *uns und auch der Heidenschaft!*

Oh ihr Zeiten, nehmt die Flügel
und bringt uns herbei geschwind
das Verlangen jener Hügel,
wo die Freuden ewig sind!
Himmel, den Gerechten tauet,
Wolken, uns ach jenen gebt,
dem die Welt entgegen schauet
und nach ihm die Wünsch' erhebt!

Dich eröffne dann, oh Erde,
und den Heiland bring herfür,
dass bald aufgeschlossen werde
die versperrte Himmelstür!
Komm, ach komm, oh du Erretter
der so sehr bedrängten Welt!
Komm, erfüll' die Wünsch' der Väter,
alle andre Hilf' uns fehlt!

„Die Familie am Kachelofen", Ludwig Richter.

Das Adventsfasten

Früher fing die Adventszeit schon am Martinstag an, d. h. am 11. November. Sie wurde mit ähnlich strengem Fastengebot und frommen Andachtsübungen gehalten wie die Fastenzeit vor Ostern. Aus diesem Grunde waren in dieser Zeit früher auch alle „lärmenden Lustbarkeiten" wie z.B. Hochzeiten und Tanzmusik verboten.

Besondere Fasttage in der Adventszeit waren die sogenannten Quatemberfasten am Mittwoch, Freitag und Samstag vor dem 4. Adventssonntag. Ähnliche drei Fasttage gab es auch in der Woche nach Pfingsten und nach Kreuzerhöhung am 14. September vor dem 1. Fastensonntag. Diese viermal im Jahr stattfindenden Quatembertage – daher der Name – wurden deshalb gehalten, weil ursprünglich an diesen Tagen die Bischöfe Weihen vollzogen und die Gläubigen deshalb zu Gebet und Fasten aufgerufen waren.

Neben dem Fasten sollten auch andere persönliche Opfer gebracht werden, z. B. der Verzicht auf etwas Verlockendes. Ebenso sollte möglichst jeden Tag eine gute Tat verrichtet werden: Die Kinder sollten den Eltern oder Großeltern in besonderer Weise helfen. Wie diese Opferbereitschaft im Hinblick auf das erwartete Christkind motiviert wurde, zeigen zwei Bräuche, die in Kißlegg überliefert sind. Für jedes kleine Opfer, das die Kinder brachten, legten sie einen Strohhalm beiseite; auf diese Weise sollte „s'Chrischtkindle an Weinachtê ê warms Bettle hân". Und indem die Mädchen in der Zeit bis Weihnachten untertags 100 Vaterunser beteten, wollten sie im geistigen Sinn „ê Röckle fürs Jesuskindle schtrickê, dass's it so friert". Nahte Weihnachten und war die Zahl der Vaterunser noch klein, konnte es da heißen: „I hân no it viel; mei, i mueß no fescht schtrickê!"

„Das Kind gibt dem alten Mann sein Brot", Ludwig Richter.

Rorate

Lange Tradition haben die Rorateämter, deren Name von „Rorate coeli" (Tauet Himmel) abgeleitet ist. Die Ämter fanden in den frühen Morgenstunden zur Erinnerung an die Botschaft Gabriels an Maria statt, die ja auch angeblich in der Frühe erfolgte. Aus diesem Grunde hießen die Rorate-Ämter auch Engelämter. So zogen denn noch in stockdunkler Nacht und oft genug bei klirrender Kälte und verschneiten Straßen die Menschen mit Fackeln und Lampen in die Kirche. Dort sangen sie beim Schein des flackernden Wachsrodels zum Amt stimmungsvolle Adventslieder. Auch das Ave Maria war ein beliebter Adventsgesang, beinhaltet es doch den „Englischen Gruß", d.h. die Verkündigung des Engels an Maria, dass sie ein Kind gebären wird.

Früher fanden die Rorateämter jeden Morgen statt, um 1950 nur noch mittwochs und freitags. Auch heute gibt es in vielen Orten solche Ämter.

Roratezit
FRIDOLIN HOLZER

Is Rorate gang i geann,
Wenn dr Schnee voer Költe giered
Und dr Himel volla Schteann
Mit dr Wealt dê Sunndag füred.

D' Kiörchefeanschtr wearfed wit
Ihren Schi is Döerfle abe,
Wia a Kind im Kissê li't
Däênas diaf im Schnee vrgrabê.

Duss im Holz schpielt Bômm füer Bômm
Mit dê Zweargle Zuckerladê,
Und dr Drâht am Giebel domm
Liechted wia a Silberfadê.

Bädderlê und Ohrering
Glitzered a Zwieg und Ätschlê.
It a Goldschmied kinnt a Ding
Schäner wia dr Winter bäschtlê.

Bis a Känar nuf und nuf
Hanged Zapfê wia a Trubê,
D'Lindê hât a Kronê uf
Und a Sul a Silberhubê.

's Brinnele am Kiörcheblatz
Ka dia Hoffart it begrifê,
Neabe dana mit uim Satz
Schpringed Buêbê über d'Schliefe.

I dr Kiörchê knaued eng
Ma und Wiber i dê Bänkê,
D'Oargel schpielt dia olte Gsäng
Und i mueß a fröier denkê.

Was ischt dös a Feschtdag gsi,
Wenn i bi i d'Höslê gschloffê,
Wenn i bim Latearnêschi
Bi im Schnee is Kiörchle gloffê.

D'Oargel schpielt, as fallt vu mir
Krüz und Blâg und allar Blunder,
Und i wart wia voer ar Tüer
Uff a groß's, a selegs Wunder.

DER ADVENTSKRANZ

Der Brauch des Adventskranzes ist noch nicht alt; einerseits sind hier Zusammenhänge mit alten Baumbräuchen zu sehen, andererseits verdeutlicht er sinnfällig das Immer-heller-Werden bis Weihnachten. Hier zeigt sich, wie im 20. Jahrhundert, das so viele alte Bräuche ausgerottet hat, dass auch wieder andere Traditionen entstanden sind und ihren festen Platz im Brauchtum bekamen.

Die Kränze wurden anfangs meist im Kreis der Familie angefertigt, gibt es doch im Allgäu eine vielfältige Tradition des „Kranzens". Um den christlichen Sinngehalt des Brauches zu vertiefen, wurden die Adventskränze am Tag vor dem 1. Adventssonntag in die Kirche gebracht, wo sie der Pfarrer weihte. Darauf nahm man den Kranz wieder mit nach Hause. Am 1. Adventssonntag wurde die erste Kerze entzündet und im Familienkreis ein Vaterunser gebetet. Am 2. und 3. Adventssonntag kamen zwei weitere Kerzen hinzu. Am 4. Adventssonntag wurde beim Entzünden der einzelnen Kerzen je eine Strophe des beliebten Adventslieds „Tauet Himmel den Gerechten" gesungen. Der Adventskranz blieb so bis zum Hl. Abend in der Stube hängen; noch vor der Bescherung wurde er allerdings entfernt und verbrannt. Er gehört auch heute noch zum lebendigen Allgäuer Brauchtum.

Das Backen von Weihnachtsgebäck

Schon Wochen vor Weihnachten herrscht Geschäftigkeit in der Küche. Allerlei Weihnachtsgebäck wird im Backofen gebacken und verbreitet mit süßen Düften eine Vorahnung auf das Weihnachtsfest. Früher buk man im Allgäu vor allem Lebzelten (Lebkuchen), Birnenbrote und Hefezöpfe. Die Vorbereitung des Birnenbrots reichte weit in die Zeit vor Weihnachten, denn im Herbst mussten geeignete Birnen auf der in jedem Haus vorhandenen „Bierêdörre" eingetrocknet werden. Meist schob man die Birnen nach dem Brotbacken in den Backofen und nutzte so die Wärme zum Dörren. Anschließend wurden die Dörrbirnen aufbewahrt, bis sie in der Adventszeit benötigt wurden.

Daneben gab es schon seit vielen Jahrhunderten Formgebäck, das man mit kunstvoll geschnitzten Holzmodeln herstellte. Meist handelte es sich dabei um religiöse Motive. Oft wurden diese sogenannten Springerle schon in der ersten Adventswoche gebacken, damit sie bis Weihnachten genügend mürb waren „und it so gschterr, dass mê d'Zäh dra ausbeißt".

ALTES SPRINGERLE-REZEPT

Ein Pfund sehr fein gesiebter Zucker wird mit fünf Eiern in einer Schüssel eine Stunde kräftig, jedoch stets nach einer Seite gerührt und alsdann die fein gewiegte Schale einer Zitrone, den Saft einer halben Zitrone und ein knapp gewogenes Pfund fein gesiebtes Mehl, wovon man etwas zum nachherigen Unterstäuben zurückbehält, gut darein gemengt, hernach nimmt man den Teig auf das Backbrett, und nachdem er hier leicht zusammengearbeitet ist, wird er in eine Schüssel zurückgebracht und gut zugedeckt. Nun gibt man in ein seidenes Tüchlein einige Esslöffel Mehl und überstäubt damit, indem man das Tüchlein zu einem Bündelchen zusammenbindet, die zu diesem Backwerk besonders gestochenen oder gegossenen Model, dann wird von dem Teig, während man den übrigen zugedeckt in der Schüssel lässt, damit er keine Kruste bekommt, ein kleiner Teil drei Messerrücken dick ausgewellt und – je nach Größe der einzelnen Bilder – zu Flecken geschnitten, welche man auf die noch

mehlbestäubten Model legt, in letztere mit dem Mehlbeutelchen gleichmäßig eingedrückt und hernach die Model umgestürzt, wodurch die Teigfladen abfallen. Ist das Bild schön geraten, so wird es mit einem Messer gerade geschnitten; alle Bilder werden dann nebeneinander auf ein bemehltes Brett gesetzt. Die Springerle lässt man jetzt 24 Stunden in einem warmen Zimmer stehen, damit sie trocknen, legt sie hernach zwei Finger breit nebeneinander auf butterbestrichene und wieder abgeriebene Backbleche und bäckt dieselben im fest geschlossenen Ofen, bis die Böden leicht gelb sind, wo man sie dann herausnimmt und mit dem Messer loslöst.

Daneben gab und gibt es eine Vielzahl von „Brötlê"-Rezepten, die oft einen bestimmten traditionellen Hausschatz ausmachen. Die Hausfrau schloss früher das Gebäck sicherheitshalber vor den Kindern und „Mannsbildern" in einem Schrank ein und behielt den Schlüssel „im Sack". Solches Weihnachtsgebäck in der Adventszeit zu essen, wäre früher undenkbar gewesen.

Anis-Plätzchen

Zutaten:

3	Eier
½ Pfd.	Zucker
½ Pfd.	Mehl
1 EL	Anis
1 Msp.	Backpulver

Zubereitung:

Die Eier rührt man mit dem Zucker drei Minuten schaumig, fügt Anis, Backpulver und Mehl hinzu, setzt mit dem Kochlöffel kleine Häufchen aufs gestrichene Blech und lässt sie über Nacht kühl stehen. Sie müssen oben weiß bleiben wie bei den Springerle. Man backt sie bei sehr mäßiger Hitze.

Anisschnitten

Zutaten:

6 EL	Mehl
100 g	Staubzucker
6	Eier
1 EL	Anis
	Butter

Zubereitung:

Man rührt 6 Eidotter mit dem Staubzucker schaumig und mengt das Mehl, das Anis und den Eischnee leicht darunter. Anschließend wird eine längliche Form gut mit Butter eingefettet, der Boden kleinfingerdick mit der Masse bestrichen und im Rohr schön gelb gebacken. Des anderen Tags schneide sie in Schnitten und bähe (backe) sie leicht.

Anisbrot

Zutaten:

5	Eier
¼ Pfd.	Zucker
1 Löffel	Anis
¼ Pfd.	Mehl
	Zitronat

Zubereitung:

Der feste Schnee von 5 Eiweiß wird mit dem Zucker, den 5 Eigelb und dem Anis eine Zeit lang gerührt, dann wird etwas fein geschnittenes Zitronat und das Mehl leicht daruntergerührt, dies in eine gut bestrichene Zwiebackform gefüllt und langsam gebacken.

D' Wiehnächtsguêtslê werret bachê

In der Adventszeit war es die größte Freude für die Kinder, beim Backen der „Brötlê" zuschauen oder helfen zu dürfen. Die Wangener Mundartautorin Franziska Schiele (geb. 1923) erzählt aus ihrer Kindheit:

Niaz hett freiher is Kind im Advent meh Freid machê kennê als 's Wiehnächtsguêtslê bachê. Um dê Klâsêdag umer hât des klei Vrgnüagê agfangê. Zmâl isch dâ nâh 'm Natsessê Leabê i iser Kuchê gsi. Jetz isch mit dê Schpringerlê dia Bacherei losgangê. Sit altersher hând dia als Feschtsymbol zua Wiehnächtê ghert. Guat grâtene Schpringerlê sind all Jâhr uf 's neie Muatters ganzer Schtolz gsi.

Mir hânds mit der Bacherei so wichtig ghet, dass mr numa vo Muatters Schoßzipfl wegkummê sind. Fascht a ganze Schtund hând mir zwoi Schuêlermädlê abwechslig Oigeal und Zucker i dê Schissel griahrt, bis der Doig luftig blâtret hât. Liaber hettet mr den feinê, süaßê Schleck vrschneigget, als allwiel im Ring umergjeicht. Drbei hâm 'r hâhlingê all bod ên Finger voll g'schtibitzt, dass z' letscht wohl nâh 'm Rezept 's Mâß numa ganz schtimmê hât kennê. Doch d' Muatter hât is dia klei Freid glông und dia Kindersind nâgseah. Nôh war d' Muatter a dr Roih, hât 's feinschte Mehl ijegsieblet, an woichê Doig zämmetbantschet und uf 'm Bachbreat usgwahlet. Jetz isch dia schänscht Arbat losgangê. Um dâ mithelfe z' dürfe, sind mr all vier Bälg uf dê Bänk um dê Tisch umergrutschet und hând, wenn mr d' Näs it zvorderscht det ghet hând, um dê beschte Platz kipplet. Mit Holzmodel hât d' Muatter allerloi Forma in Doig ijedruckt und dass se it bäbbet hând, dia Model jedsmâl vorher is Mehl dunkt. Num zum Bremsê hând au mir Krampê mit isra kleine Händ dia Bildlê in Doig ijekinschtlet, und jeds hât 's am beschtê machê wellê. So manchs Bätzle süassê Doig isch drbei i isra Kindergöschlê vrschwundê.

D' Muatter hât nâh isre kleine Kunschtwerker usgrädlet und dia Blätzlê uf 'm igschmiertê Bachbleach vrtoilt. Jetz hând se zerschtes iber d' Nacht i dê Schtubê atricknê müassê. Nâh sind se am andrê Morgê i dr Kuchê in dê große Kachelofê gschobê worê. Heit frâg i mi, wia d' Muatter nâh dem große Fier beim Ifiêrê dia reat Hitz vrlickerlet hât. Denn des hât 's bei dê Schpringerlê bsunders hoikel ghet, dass se dia reat Farb und schäne Füaßlê kriat hând und guat ufgangê sind. Doch sia sind rê all Jâhr wieder guat grotê.

So manchen Âbed hâ mr i der „Schtillê Zit" iser Freid a derê Guêtslêbacherei ghet. No vielerloi sind für 's Chrischtkind gmachet worê. Leabzeltê, Anisloible, Zimtschtern, Schokladgüêtslê und Butter- „S". 'S gröscht „Hallo" hând d' Usschtecherlê allemâl usglöst. Dâ hâ mr is um 's Bachbreat umer ebbamol fascht vrdruckt. Denn isch i der Kuchê dinna a luts und glickles Werklê gsi. All dia schäne Sacha us dem süassê Bäpp user z' machê! Vögelê, Männdlê,

Dännelê, Mond und Schtern sind für sich allui scho a Wiehnächtsfreid gsi. Und gar it zum Schwätzê vo dena viele gschtibitzte Doigbebbelê. Zuadem sind d' Usschtecherlê au no glei hindadri bachê worê.

D' Muatter hât mit etlê Buschlê dê Ofê a'gfieret, d' Gluat hinda vrtoilt und 's Bleach uf 's „Grât-wohl" ijegschobê. Mit dem feinê Gschmäckle i dê Näs hând mir vier Kind kribblig am Ofêtürle uf 's Userziah vo dena süasse Raritäta basset, mit dem ufrommê Wunsch im Herz, dass a dê Gluat vornadet an Hufê d' Näs hettet vrbrennt hông sollê. Denn dia Brenntelige hâm 'r is glei iverliebê dürfê und a mords Freid a dem Wiehnachtsvorgschmäckle ghet. So sind i dê ober Schtubê, igschlossê bis zum Hoiligê Âbed, allat meh volle Kanta mit Wiehnächtsguatslê für 's Chrischtkind zum Holê nagrichtet gsi.

ANDREASTAG

Am 30. November ist Andreastag. Je nach Jahr fiel er in die Adventszeit oder nicht. Vor der Aufklärung waren alle Apostelfeste Feiertage, so auch der Andreastag. Während in unserer Gegend kein geistliches Lied über diesen Heiligen erhalten ist, gibt es ein weltliches Lied, das an spezielle abergläubische Bräuche am Andreastag erinnert. Dieser Tag bzw. die Nacht vor dem Andreastag galt nämlich als besonders magisch. Im Allgäu ist der Brauch überliefert: „Wenn man in der Andreasnacht sich an eine Kreuzung stellt und das Christoffelgebet spricht, so kommt der Teufel und gibt, was man verlangt. Wer aber hernach das Gebet nicht rückwärts beten kann, den nimmt er mit."

Angeblich konnte man in der Andreasnacht auch die Zukunft vorhersagen. Besonders die jungen Mädchen wollten durch allerlei Praktiken ihren zukünftigen Mann „sehen". Vor dem Zubettgehen legten die Allgäuer Mädchen ein Silberstück vor das Bett auf den Boden, traten mit dem Fuß darauf und sagten:

> *„Aufs Silber tritt i,*
> *den heiligen Andreas bitt i,*
> *er wolle mir lassen erscheinen*
> *den Liebsten meinen."*

Eine andere Methode war die, in der Andreasnacht Blei zu schmelzen; aus der Form, die sich dabei ergab, konnte man den Beruf des Zukünftigen ablesen. Manche gingen nachts in den Stall und riefen: „Krieg i des Jåhr ên Ma?" Wenn nun das Pferd im Stall wieherte, kam ein Freier, sonst aber nicht. Der Brauch, aus dem Wiehern der Pferde die Zukunft zu deuten, wurde übrigens schon von den Alemannen bei der Anrufung des Weissagegottes

Ziu geübt und galt deshalb bei den frühchristlichen Synoden als heidnische Sitte.

Dieser Brauch, dass das Echo einem Antwort gibt, wird in dem Andreaslied karrikiert, das in Bergatreute überliefert wurde. Der Text stammt von I.W. von Beust (1765); in dieser Zeit der Aufklärung begann man mehr und mehr, sich von alten Glaubensvorstellungen zu verabschieden und diese zu verspotten. In dem Lied hofft ein altes Weib auf einen Mann.

Ach Andreas, heil'ger Schutzpatron,
schenke mir doch einen Mann!
Sieh herab auf meinen Spott und Hohn,
sieh mein hohes Alter an!
Krieg ich einen oder keinen?
(Echo:) Einen.

Einen, einen, ei, das ist ja schön,
wird er auch beständig sein?
Oder wird er viel nach andern gehn?
Wird er immer nur allein
sich bemüh'n, mir zu gefallen?
(Echo:) Allen.

Allen, allen? Pfui, das ist nicht gut!
Ist er schön und wohlgestalt?
Ist's ein Mensch, der viel vertut?
Ist's ein Witwer? Ist er alt?
Ist er hitzig oder kältlich?
(Echo:) Ältlich.

Ältlich? Ei, wer fragt darnach?
Drum ich sage mir sogleich,
wie es stehet um das Schlafgemach:
Sind die Betten auch recht weich,
wo ich drinnen ruhen werde?
(Echo:) Erde.

Erde, Erde, das klingt wunderlich
und ist ein bedenklich Wort!
Doch Andreas, sag, ich bitte dich,
sage endlich nur den Ort,
wo du ihn hast aufgehoben.
(Echo:) Oben.

Oben, oben hat er seinen Platz?
Ach, nun merk ich meine Not,
der von dir mir auserkorne Schatz
ist wohl endlich gar schon tot?
Ist denn dies mir übrig blieben?
(Echo:) Lieben.

Lieben, lieben soll ich bis ins Grab?
Ach, welch bittres Herzeleid!
Weißt du keinen, der mich lieben mag,
hier in dieser Zeitlichkeit?
Keinen Krummen, keinen Lahmen?
(Echo:) Amen.

Vorabend des Barbaratags

Das weibliche Pendant zum Klâsêtag war das sogenannte Bärbelestreiben, ein Brauch, der in unserem Jahrhundert nur noch im östlichen Allgäu bzw. in der Illergegend bekannt war. Am Vorabend des Barbaratags, also ganz in der zeitlichen Nähe des Klâsentages, vermummten sich die Mädchen bei einbrechender Dunkelheit mit einem Kopftuch und begannen, mit dem Reisigbesen „den Unrat und das Böse aus dem Haus hinaus und um das Haus herum wegzukehren". Dabei durften sie nicht miteinander reden; andere Lebewesen wurden mit dem Besen geschlagen. Punkt Mitternacht endete das gespenstische Treiben.

4. Dezember – Fest der Hl. Barbara

Die Hl. Märtyrerin Barbara, eine der 14 Nothelfer, wurde als Patronin der Sterbenden verehrt. Vielfach betete man beim Abendgebet das „Barbaragebet":

St. Barbara, du edle Braut,
mein Leib und Seel sei dir vertraut,
sowohl im Leben, als im Tod,
komm mir zu Hilf in letzter Not!
Hilf, dass ich vor dem letzten End
empfang das Hl. Sakrament.
Bei Gott mir nur so viel erwirb,
dass ich in keiner Todsünd stirb;
wenn sich mein Seel vom Leib abtrennt,
so nimm sie auf in deine Händ,
behüt sie vor der Höllen Pein
und führ sie in den Himmel ein.

Der Brauch, am Barbaratag einen Kirsch- oder Seringgêzweig (Flieder) mit einer Prise Salz ins Wasser zu stellen, hat einen ähnlichen Sinn wie der des Thomastags (21.12.): Wenn der Zweig an Weihnachten blühte, sollte das neue Jahr Glück bringen.

Mancherorts wurden in der Barbaranacht sogar ähnliche Praktiken der Zukunftsforschung durchgeführt wie in der Thomasnacht. Von schlechter Vorbedeutung war es z.B., wenn man am Barbaratag den Garten umgrub, denn da stieß man angeblich immer auf Kohlen, die an den Märtyrertod der Hl. Barbara erinnerten.

Da die Hl. Barbara auch als Schutzpatronin gegen Zahnweh angerufen wurde, galten die Blüten des Barbarazweiges als wirksames Mittel gegen Zahnschmerzen. Überhaupt ersetzte dieser an Weihnachten blühende Barbarazweig noch lange den später üblichen Weihnachtsbaum.

Barbarazweig

Haselnussbrötchen

Zutaten:

5   Eier
560 g Zucker
560 g Haselnuss
       gewiegte Zitronenschalen

Zubereitung:

Eier und Zucker schaumig rühren, Haselnuss hineinreiben, gewiegte Zitronenschalen unterheben und auf bestrichenes Blech setzen.

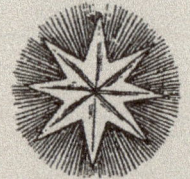

Weiße Lebkuchen

Zutaten:

4	Eier
1 Pfd.	Butter
30 g	Zitronat
30 g	Pommeranzenscheiben
¼ Pfd.	geriebene Mandeln
	Zimt
	Zitronenschalen
1 Msp.	Pottasche

Zubereitung:

Die Eier mit der Butter schaumig rühren, das Zitronat, die Pommeranzenscheiben, die geriebenen Mandeln, Zimt, Zitronenschalen und eine Messerspitze Pottasche (wenn vorhanden) vermengen, auswellen, ausstechen und auf ein bestrichenes Blech legen, bei leichter Hitze backen.

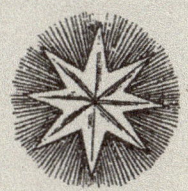

Mandelbretzeln

Zutaten:

½ Pfd. Mandeln
½ Pfd. Mehl
½ Pfd. Zucker
4   Eier

Zubereitung:

Die Mandeln fein stoßen. Das Mehl und den Zucker dazugeben, auf ein Brett legen und mit den Eiern zu einem Teig kneten. Daraus macht man kleine Bretzeln, setzt diese auf ein mit Mehl bestrichenes Blech, bestreicht sie mit Ei, streut Zucker darauf und backt sie.

Hagenbutten-Lebkuchen

Zutaten:

½ Pfd.	abgezogene Mandeln
½ Pfd.	Zucker
2 EL	Hagenbutten
2	Eier

Zubereitung:

Die Mandeln werden mit dem Zucker fein gestoßen, Hagenbutten und Eischnee daruntergemischt. Dann sticht man mit einem Löffel den Teig heraus, macht fingerlange, dicke Nudeln, legt sie auf einen Holzformenmodel und wellt sie aus; das Äußere schneidet man weg. Dann legt man die Lebkuchen auf Oblaten und backt sie.

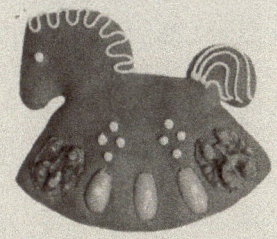

5. Dezember – Klâsê-Âbed – Nikolausabend

Das wilde Klosetreiben – Vorchristliche Wurzeln

Im Nebeneinander des Klâsê-Abends am 5.12. und des Nikolaustags am 6.12. hat sich eines der wenigen Beispiele dafür erhalten, dass ein heidnischer Brauch sich trotz des Versuches der christlichen Überlagerung bis heute halten konnte. Der „wilde Klâs" hat denn auch nichts mit dem Hl. Nikolaus zu tun und weist auf viel ältere heidnische Zeiten hin, nicht zuletzt vermutlich auf den keltischen Gott Cernunnos in Hirschgestalt. Dieser Klâs ist nicht gütig wie Nikolaus, sondern furchterregend. In Oberstdorf ist er sogar mit Hirschgeweih und Tierkopf, sonst im Allgäu oft mit einer Kuhhaut, an der noch die Hörner hängen, oder mit sonst einem Tierfell, mit Pelzen oder Mänteln bekleidet und tobt kettenrasselnd und mit Glocken- und Schellenlärm oder sonst lärmenden Gegenständen aus Blech durch die nächtlichen Straßen und Gassen. Deshalb heißt er auch „Rumpelklâs". Mit wildem Gejohle rennen die wilden Klâsê durch die Straßen und poltern an die Fensterläden und Türen der Häuser, dringen in die Häuser ein und schlagen wild um sich. Wehe, wen sie erwischen! Ängstlich schauen die Kinder hinter den Fenstervorhängen auf die Straße und beobachten das wilde Treiben. Wenn man weiß, dass bei diesem dämonischen Brauch noch im letzten Jahrhundert mancher, der sich ins Freie wagte, totgeschlagen wurde, so ist die Angst der Kinder vor den Klâsên verständlich.

Andererseits gibt es auch einen Vers, in dem die Kinder mutig-keck den „Klâs" verspotten. In Wurzach hieß es:

> *Heit isch Klâsê-Âbed*
> *ond morga Klâsêdag.*
> *Wenn dr Klâs en d'Kuchê kommt,*
> *no kei e'n d'Schtiêgê na!*

Die Kelten stellten nicht nur Cernunnos, sondern ganz allgemein auch andere Götter oft mit erhobenen oder in die Hüfte gestemmten Armen dar. Außerdem glaubten sie, durch das Verspeisen von Götternachbildungen deren Stärke und Kraft zu erringen. Obwohl die frühchristlichen Synoden verboten, „Götzenbilder aus Mehlteig" zu essen und „auf das zu sehen, was die Heiden aus Brot und Holz bilden", hat sich das Klâsêma (Ma = Mann)-Essen bis heute erhalten.

Der wilde Klâs als Knecht Ruprecht und als Begleiter des Hl. Nikolaus

Bei allem heidnischen Treiben am Vorabend des Nikolaustages hat sich durch die Person des Hl. Nikolaus am darauffolgenden Tag, dem 6. Dezember, doch ein christliches Pendant herausgebildet. Der wilden Gestalt wurde der gütige Nikolaus gegenübergestellt. So wollte die Kirche einen heidnischen durch einen christlichen Brauch ersetzen. Dies ging so weit, dass sie, obwohl der 6. Dezember bis zum Ende des 18. Jahrhunderts ein kirchlicher Feiertag war, das eigentliche Nikolausbrauchtum auf den Vorabend verlegte, also auf den gleichen Zeitpunkt wie das Klâsentreiben. Zusätzlich versuchte die Kirche eine Verchristlichung des Brauches, indem mancherorts – wie auch in Wangen – Singknaben durch die Straßen zogen und das wilde Geheul der Klâsê durch christliche Lieder übertönen sollten. Zusätzlich reglementierte z.B. die Stadt Wangen noch am Ende des 19. Jahrhunderts das „Klâsengehen", indem nach Eintritt der Dunkelheit nur eine bestimmte Anzahl von „ausgesuchten" Klâsen zur gleichen Zeit freigelassen wurde.

Immerhin färbte sich das Nikolausbrauchtum auf das heidnische Treiben insofern ab, als die wilden Gestalten nun den Namen „Klâsen" erhielten, eine Ableitung von „Nikolaus", der im Allgäu grundsätzlich nur „Klâs" hieß. Trotz dieser Überlappung konnte bis zum heutigen Tage der Nikolaus den wilden Klâs nicht verdrängen.

Min Klâsêschreck
FRANZISKA SCHIELE

Dr gröschte Schreckê i miner Kindhoit isch dê Klâs gsi. Voll Angscht hâ i all Jåhr dem Klâsêâbed entgegêzittret. Ma hât is Kind det gsait, dass dê Klâs i dê großê Muthemer Bruck (Brücke von Muthen bei Wangen) din 's ganz Jåhr husê däb. Dur den vrgittretê Ischtieg, z' oberscht uf 'm Buckel, gang er im Bahdamm abe i si uhuimlige Unterwealt. Und däb dâ au alle bese Kind mitnäêh. I miner kindlichê Vorschtellung war des grad a Graus! Trotz mim Bammel bi i amâl im Summer, no lang vor i in d' Schul gange bi, abgsichret im Wissâ, dass dê Klâsêdag no wit, wit weg gsi isch, mit dê Große dê Bahbuckel ufeghärzet und hâ trotz aller Schiss i mim hintrê Schtible wunderfitzig an Schwick i des dunkl Loch ijegschpitzlet. Niaz, scho gar niaz, war dâ zum seah, no hât se dâ dinna ebbes gregt. Do hând dia Größre, bei dena dê Klâsêglaubê so scho gwacklet hât, um d' Schnied z' bewiesê, etlemâl an altbekanntê Schpottvers uflätig dur 's Gitter ijebläret: „Kâos, Klâs Ziegrêfiedlê, lâss is Nuss und Öpfel liegê!" Nâh dem Läschtrê sind mir Bälg im Karree dê Bahdamm abeghaglet und hând all wieder schissfidlig hinterse gluêget, ob sich hindê i dem Loch um dê Gotts-Willê it doch no nômmes gregt hât. Vor 'm Klâsêdag isch mir beim erschtê Bumbrê a d' Läde dia sel Frechhoit glei wieder siedig hoiß uferkummê, und so bi i mit mina no manch andre Kindersinda schwer belaschtet uf dê Klâsêâbed zuagangê.

Bei is hât ma viel junge Lit im Huswesê ghet, und es isch allat nômas los gsi. So hând dia amâl an richtig zinftigê Klâsêâbed machê wellê mit ama schänê Bischof, wia der im Bilderbuach schtôht, samt allem drum und dra und ama ganz grielichê Kneat Ruprecht, bei is de bese Klâs. Dass der Bes so richtig Morus hât zoigê kennê, hând se dem dê große, schwarze Schlittêbelz mit Kuahkette rumbundê, s' Gschell vo dê Ross umghängt und alte, klobige Schtiefel azogê. Mit ama langê Bart, große Schteckê und ama mords Rupfsack hât der so zum Fürchte usgseah, dass dr Deifel kuin größre Kinderschreck hett si kennê.

Am Klâsêâbed hônd mir vier Kind bibbrig nebs Vatr und Muatter uf 'm Lederkanapee am Ofê det uf dê Klâs gwartet. Scho bei sim Bröhlê vorduss, 'm Schättre mit 'm Gschell und 'm Bumbrê a d' Läde bi i vor Angscht fascht vrgagget und hâ bloß no des firchtig Klâsêloch dob i dr Bruck vor mir gseah. Vor luter Kähl-dua bei sim Ijer-Schtampfê i d' Schtube hâ i den noblê Bischof i sim wähê Häs mit goldenem Schtab und Bischofsmütze vor Schreck gar num mitkriat und bloß no den besê Klâs, vor allem dem sin großê Sack, im Aug ghet. Wiê er denn au no iser Tante Ageth, Vatrs junge Schwester, wo sich mit G'schroi g'wehrt hât, us ihrem Fluchtwinkel untrem Ofê virezogê hât und in dê Sack hât schteckê wellê, bi i so vrzwazget, dass i fascht i d' Hosê bieslet hâ. Hân für is boid jetz kui Vrdwischê meh und s' Ischpirrê is Klâsêloch kummê seah. Wia hett i au ahnê sollê, dass des grausame Schpiel bloß an Schpaß für dia Große gsi isch. Dêzwischê hât der Kolderer allat wieder „beate, beate" bröhlet. I bi so us 'm Hisle gsi, dass i vo mina altbekannte dägliche Gebeatlê zum Jesuskindle und Schutzengele kui Wort meh gwißt und userbrâcht hâ. Mit boid Händ hân i mi am Vatr g'hebt und bloß no gjâmmret: „Papa, hilf mir beatê, hilf mir beatê!" Mit dê Zit isch dê Klâs umgänglicher worê und hât is Kind Bodebira und Runkla als Paradiesöpfl und Nuss eijeghebt. Obwohl so ganz us 'm Ziag dus, hâ i uineweag den Schwindel glei gmirkt, hett aber vor luter drinsi ufs Vrlange au no ijebissê. Jetz erscht isch dê Bischof zum Zug kummê und hât us sim wießê Sack Klâsêmändlê, Zeltê, Öpfl, Nuss und allerhand schäne Sächelê userzogê. Doch i hâ mi it zum Zualangê traut, bis der bes Klâs wieder duss und d' Tür zuagschlossê gsi isch.

Heit no, nâh bald achtzg Jâhr, holt mi, sobald i de Klâs hör, dia Angscht vom selle Klâsêâbed wieder i. Ganz gwieß hett dr hoilig Nikolaus für so a närrsches Dua kui Iseah ghett und an besê Finger gegê dia ughoblete Kerle gmachet.

Der Hl. Nikolaus – Leben und Legenden

Der Hl. Nikolaus, Bischof von Myra (Kleinasien) im 4. Jahrhundert, entwickelte sich während des 6. bis 9. Jahrhunderts zu einem der volkstümlichsten Heiligen der Ostkirche. Seit dem 8. Jahrhundert ist seine Verehrung in Rom bezeugt, seit dem 10. Jahrhundert auch nördlich der Alpen. Nachdem seine Gebeine 1087 nach Bari in Süditalien übertragen worden waren, nahm die Verehrung an Bedeutung noch zu. Viele neu gegründete Kirchen erhielten ihn als Kirchenpatron. Auch die Kapelle in Sattel bei Wangen, die 1446 erstmals erwähnt wird, ist dem Hl. Nikolaus geweiht.

Gleichzeitig verbreiteten sich die Legenden, die seit alter Zeit über den Hl. Nikolaus existierten. Weil er Seeleute aus Seenot errettet hatte, galt er als Patron der Schiffsleute, Flößer, Fischer und Seefahrer; zahlreiche Nikolauskirchen in Küstenstädten dürften darauf zurückzuführen sein. Darüber hinaus war er auch der Schutzpatron der Kaufleute, Händler und überhaupt der Reisenden. Die Legende von der Errettung Myras von der Hungersnot machte ihn zum Patron der Bäcker. Die Erweckung dreier ermordeter Schüler zum Leben ließ ihn zum Patron der Apotheker werden und die Beschenkung dreier verarmter Jungfrauen mit drei Goldklumpen als Aussteuer zum gütigen, Gaben spendenden Heiligen und zum Helfer in Heiratsangelegenheiten. Dementsprechend erhielt der Heilige auf Darstellungen auch seine Attribute: drei goldene Kugeln, drei Brote, drei Kinder zu seinen Füßen oder einen Anker. Die Legende, dass er schon als Säugling fastete, machte ihn zum Vorbild in der Fastenzeit und schlug sich auch in einem Wangener Klâsenlied nieder.

Viele Bräuche des Allgäus und Oberschwabens lassen sich auf diese Legenden zurückführen: die Liebe zu den Kindern und das Beschenken mit Broten, Süßigkeiten oder Schulartikeln, die

Beschenkung der Dienstboten mit Wäsche und der Tochter mit der Klâsê-Kunkel (Spinnrocken) für die Aussteuer.

Auch die Wangener Nikolausbruderschaft knüpft an alte Vorstellungen an, obwohl sie erst 1934 gegründet wurde. Wie schon erwähnt, steht unweit von Wangen die Sattelkapelle, neben dem ehemaligen „Sondersiechenhaus", in dem die Aussätzigen der Stadt gepflegt wurden. In früheren Jahrhunderten wallfahrteten viele hierher und baten den heiligen Bischof um ihre Genesung. Daneben wurde er auch für einen guten Tod angerufen. So wurde denn am 6. Dezember 1934 in der Wirtschaft „Zum Sattel" eine Nikolausbruderschaft, eine Bruderschaft „zum guten Tod" gegründet, mit dem Ziel, dass „alter Tradition gemäß" jedem Mitglied bei dessen Tod eine Hl. Messe gelesen wird. Diese Bruderschaft trifft sich jährlich am 6. Dezember in der Nikolauskapelle zur Klâsenmesse und zur Jahreshauptversammlung, bei der jedes Bruderschaftsmitglied einen gebackenen „Klâsêma" erhält.

Die Freude auf den Nikolaus –
der Nikolaus meldet sich an

Trotz der Angst vor dem wilden Klâsentreiben hat sich das Bild des gütigen, Gaben spendenden heiligen Nikolaus tief ins vorweihnachtliche Brauchtum und ins Bewusstsein der Kinder eingeprägt, zumal an Weihnachten gar nicht die heute übliche „Bescherung" stattfand und somit der Nikolaustag der eigentliche Geschenktag war. Wochenlang fieberten – und so ist es auch heute noch – die Kinder dem Nikolausabend entgegen. Als Vorboten des „Klâs" galten die ersten Schneeflocken, die vom Himmel fielen. Dann tanzten in der Wurzacher Gegend die Kinder im Zimmer herum und sangen:

> *S'schneit, s'schneit,*
> *dass 's Fetzê geit,*
> *dr Santêklâs isch nemme weit!*

> Oder:
> *Es schneit, es weht,*
> *dass Baura gräht (ärgert).*
> *Es fetzet ond lompet,*
> *dass d'Hirtê gompet.*

Im Westallgäu war es früher Brauch, dass sich der Klâs schon 8 bis 14 Tage vorher anmeldete, indem er abends oder in der Nacht Nüsse und Äpfel durch die Tür oder durchs Fenster hereinwarf. Manchmal „verlor" er auch in der Nähe des Hauses Spielsachen bzw. andere Geschenke, oder er legte diese in ein im Hausgang oder im Stall bereitgestelltes „Briêzkörble" (Korb fürs „Briêz", d.h. für gehäckseltes Stroh oder Heu). Deshalb hieß es: „Der Klos hât êbbes verlorê" oder „êbbes ei'glegt". So wird es verständlich, dass die Kinder schon einige Tage vor dem Klâsê-Tag mit der Suche begannen. Wurden Geschenke in der Tenne oder im Heustock gefunden, hieß dies, dass der Klâs bei seiner Reise durch die Lande hier übernachtet hatte.

„Der erste Schnee", Ludwig Richter.

DER UNSICHTBARE NIKOLAUS

Der Nikolaus kam früher nie persönlich zu den Kindern; diese stellten vielmehr am Vorabend des 6. Dezember im Stall einen Korb oder im Haus an ihrem Tischplatz einen Teller mit dem betreffenden Namensschildchen und evtl. einem kleinen Wunschzettel auf; in den Korb oder Teller sollte der „Klâs" die Geschenke „einlegen". So sangen denn die Kinder:

> *St. Nikolaus leg mir ein,*
> *was dein guter Will mag sein:*
> *Äpfel, Birnen, Nuss und Kern*
> *Essen die kleinen Kinder gern.*

Um ihn besonders spendabel zu stimmen, legten die Kinder neben den Teller Beweise ihres Fleißes, etwa besonders schön gemachte Hausaufgaben, Stickereien oder sonstige Handarbeiten, in früherer Zeit auch selbst gesponnenes Garn. Als „Vorleistung" sollten die Kinder das Jahr über möglichst brav sein und jeden Abend vor dem Einschlafen ein Vaterunser zum Hl. Nikolaus beten. Jedes Mal schnitt man – zum Beweis dafür – eine Kerbe in das sogenannte Klâsêhölzle; dieses Holz wurde dann am Vorabend neben den Klâsê-Teller gelegt. Je mehr das Klâsêhölzle Kerben aufwies, desto sicherer brachte der Klâs etwas mit.

In der Kißlegger Gegend gab es eine andere Variante: Hier brachte der „Hoilig" den Kindern das Klâsêhölzle, „Klâsêluckele" genannt, als Gabe mit. In dem Klâsêluckele, einem ca. 30 Zentimeter langen und 2 Zentimeter breiten Hölzchen, befanden sich ca. 10 bis 15 Kerben („Lucke" = Lücke). Jedes Kind musste – als Vorbereitung auf Weihnachten – jeden Tag so viele Vaterunser beten, wie Kerben auf dem Hölzchen waren. Die Eltern mussten zur Kontrolle immer wieder fragen: „Hâsch du dei Klâsêluckele scho beattet?"

Um den Kindern zu beweisen, dass der Nikolaus wirklich kam, legte man am Vorabend des Nikolaustages für den Esel des Heiligen einen Wisch Heu und eine Schüssel mit Haber (Hafer) vor die Scheune; natürlich war am nächsten Tag das Futter verschwunden – stattdessen lagen jetzt dort frische „Rossbollen".

Der „leibhaftige" Nikolaus

Der heute übliche Nikolausbrauch, dass Nikolaus „persönlich" und im Bischofsornat erscheint, ist im Allgäu noch nicht alt und erst um die Mitte des 19. Jahrhunderts eingeführt worden. Inzwischen gehört dieser leibhaftige Nikolaus zum festen Bestand des Brauchtums, wenn er in Bischofskleidung, mit wallendem weißen Bart, mit Stab und Mitra in die Stube eintritt, wenn er aus seinem „goldenen Buch" die Stärken und Schwächen der Kinder vorliest, Gebete vorsagen lässt, die zehn Gebote abfragt, Lieder vorsingen lässt und aus seinem Sack die Geschenke austeilt, zu denen wie eh und je der „Klâsêma" aus Teig gehört.

Der Knecht Rupprecht

Wie schwer sich das christliche Nikolausbrauchtum neben dem Klâsenbrauchtum tat, zeigt der „Kompromiss" mit dem Knecht Rupprecht. Dem Hl. Nikolaus wird als Begleiter Knecht Rupprecht zur Seite gestellt, der mit seiner Rute, seinem alten Mantel, den groben Stiefeln, seinem rußgeschwärzten, bärtigen Gesicht, der umgehängten Glocke und seinem wilden Auftreten zwar an den Rumpelklâs erinnert, aber durch den Nikolaus gleichsam christliche Weihen erhält. Hier wird deutlich, wie zwei Bräuche ineinandergeflossen sind, die trotz ihrer Widersprüchlichkeit untrennbar zusammengehören. Knecht

Rupprecht trägt in einer Hand die Rute oder den „Hagêschwanz" (Peitsche), in der anderen Hand einen alten Rupfensack mit den „guten Gaben" des Nikolaus, die die braven Kinder bekommen. War der Sack leer, wurden die Kinder, die die Geschenke nicht verdient hatten, in den Sack hineingesteckt und ein Stück weit in die dunkle Nacht getragen. In Erwartung dieser Strafe hatten entsprechend „böse Buben" an diesem Tag ein Sackmesser in der Hosentasche, um den Sack des Rupprecht im Notfall aufschneiden zu können. War er weit genug entfernt, riefen sie ihm zu:

Klâs, Klâs, Dickerfiedlê,
lâss mir Nuss und Epfel liegê,
aber jâ koin faulê,
sonsch fang i a zum maulê.

Manchmal musste selbst der gütige Nikolaus etwas von der Frechheit der Buben gegen den Knecht Rupprecht spüren:

Niklaus, Niklaus,
was willsch du denn von mir?
I pack di an dr Zipfelmütz
ond wirf di naus zur Tür!

Edwin Wölfle erinnerte sich, wie der Klâsê- und der Nikolausbrauch ineinander verschmolzen: „Am Klâsêdag sind rudelwis Klâsê zuê is ins Hus kummê. Natirlich ou ên räete Bischof mit sim Knäêt (Knecht) Rupprecht. Und jedes Jåhr hât mi doch dr Rupprecht in dê Sagg nigschdeggt. Mi Muêdder hât denn aber scho drfir gsorget, dass mi der Kerle im Husgang wider rusglô hât."

Im Allgäu ist folgendes Lied bekannt, das vom Nikolaus, aber auch vom Rumpelklâs handelt.

Es dunklet friêh, duss isch es kalt,
dâ schtampfet d'Klâsê dur dê Wald,
im Mondschei leichtet hell dr Schnee,
scho öfters hât mê jetzt oin g'säeh.

Se luêget iberall zuê dê Kind,
ob diê au brav und friedlê sind;
se loset huimlê umênand,
ê Ruêtê hând se in dr Hand.

Und sind se brav und fleißig gwäê,
schenkt Niklaus Nüss und Epfel her,
isch aber ois ê beser Drack,
däên schteckt dr Rumpelklâs in Sack.

Wenn die Kinder dann größer waren, konnte man nicht mehr verheimlichen, dass da gar nicht der echte Nikolaus kam. Da musste eben der Großvater oder sonst ein Bekannter oder Verwandter die Rolle spielen.

Großvaters Klâs
FRANZISKA SCHIELE

Ganz anderscht als beim Klâs, dem mir voll Schiss am Klâsêâbed mit anderthalb Freida, ar halbê beim Kumme und ar ganzê beim Gông, entgegebibbret hônd, hâ mr uf Großvaters Klâs scho a wochêlange Vorfreid ghet. Trotz sim kleinê Huimatle hât 'n 's Geald it gruit, um i dr Klâsêwoch is Kind a Freid z' machê. Au dr wite Weag, etle Kilometer, isch 'm it z' vrliedig gsi, um is dê Klâs z' bringê obwohl er vom Holzê an breschthaftê Fuaß ghet hât. Mir vier Kind hônd 's denn fascht it vrwartet bis mir 'n abholê hônd kennê und sind 'm alle bis zur Isêbahbruck entgegêgrennt und hônd a mords Freid ghet, wenn mir 'n mit sim Haselnußschteckê daherhilpê hônd gseah. Wunderfitzig hô mr no sim altê, usbloichtê Rucksack gschielet, der dem kleinê Ma bis an Hindrê aberghanget isch. Mit Lachê und Schwätzê sind mr mit 'm dê Fuaßweg am Buckel hintrem Hus ufegschtieflet. Unter dr Hustür hât d' Muatter scho uf 'n gwartet und 'n mit „Grüaß-Gott" mit i d' Schtubê ijegnommê.

Det hât er sin Rucksack uf dê Bode gschtellt und gmächle gsait: „Jo-ho, so wend m'r mâl luêgê, was dâ userkut" und hât als erschtes a gherigs Säckle Nuss vo sim Nußbom userzogê. Dia Freid für is, glei uf uimol soviel Nuss! Denn so ebbas hâ mr bloß ab und zua uf 'm Schulweg vo Lehrers und Käsers Bâm schtibitze kennê. Hei! Dazua hât er au no schäne zeltene Klâsêmändle usergruschtlet und us 'm Schopêsack Sacktüachlê virekrâmet. Für jeds Kind a anders. Aber dâ isch as i dr Schtubê uf amâl lut zuagangê. Settig schäne Schniztüachlê mit farbige Bildle als Gschichtlê druf! Hônd dia mi Kinderphantasie agrüahrt beim Vrgliechê! Der vrgalschtret Schtrubelpeter, ugschtrählet mit sina lange Fingernägel, hât mir scho glei gar it gfalle und der trurige Rescht vom zindslige Paulinchen isch mir z' tiafscht ijegangê, dass i mit dena zwoi Kätzlê mitbriagê hett kennê. Dia Suppêschissel uf 'm Grab vom vrhungretê Kaschpar isch mir grad a Graus gsi. Doch dr Dumenotschler hât mir kui Angscht machê kennê. Sei Ufirm hâ i gar it kennt und so min Dume au it vor Schnieders Scher vrschteckê müassê. Deaweag schäne Sacktüachlê sind z' schad gsi zum Vrpfliezgê und Ijeschniezê. Hâ 's zum Agea schtolz mit i d' Schul gnô und im Nachtkäschtle bei mina kleine Schätz ufg'hebt ghet.

D' Muatter hât 'm Großvater i dr Schtubê a guats Underbrot eijegrichtet ghet und isch beim Hoschtubê mit 'm am Tisch danaghuckt. Dewiel hônd mir Bälg uf 'm Pflaschter vor 'm Hus mit viel Gschroi isre Nuss offklocket. Soviel vrschmecke z' dürfe isch a Fescht für is gsi, und i glaub, dr Großvater isch iber isre lute Freid am glicklichschtê gsi. Nâh hât er sich wieder uf dê Weag gmachet und unter dr Tür dr Muatter „Pfüa-Gott" gsait. All vier sim 'r dê Buckel abe bis zur Bruck mitgfüaßlet und hônd 'm nâchegwunkê, solang er beim huiwärtsschiagê uns zuêg'lachet und mit sim Haselnußschteckê zruckgwunkê hât.

KLÂSÊ-SINGEN – EIN ALTER HEISCHEBRAUCH

„Nicolai festo" ist ein Volkslied, das zusammen mit anderen alten Liedern, die anderweitig kaum mehr bekannt sind, bis zum heutigen Tag in Wangen lebendig geblieben ist und ein Stück Wangener Kulturgeschichte verkörpert.

Seit vielen Jahrhunderten war es Brauch, dass am Klâsê-Abend die Kinder durch die Straßen der Städte und Dörfer zogen, um sich durch das Singen von Liedern ein paar Kreuzer zu verdienen. Hier vermischten sich alte Heischebräuche mit dem oben genannten Versuch, das „heidnische" Johlen der Klâsê durch christliche Lieder zu ersetzen.

In Wangen übernahmen diesen christlichen Straßengesang vermutlich die Schüler der Lateinschule, die seit 1329 nachgewiesen ist. Auf das Alter dieses Brauchs deuten nicht zuletzt der lateinische Text, die altertümliche Strophen- und Versform sowie die freie Melodik und Tonart des ältesten Wangener Klâsê-Liedes „Nikolai festo" hin. Und dass die Sänger am Schluss dieses Liedes um eine Gabe bettelten, belegt ja der Zusatz „Steck's in Sack", den sie an die letzte Verszeile anhängten.

In diesem Lied, einem der ältesten erhaltenen Lieder des Allgäus, wird in der ersten Strophe zur Verehrung des Hl. Nikolaus aufgerufen und in der zweiten an die alte Legende erinnert, nach der der Hl. Nikolaus schon als Säugling das Fastengebot, das am Mittwoch und Freitag galt, dadurch befolgte, dass er an diesen Tagen nur einmal Muttermilch trank; die dritte Strophe schließlich wird mit einem Lobpreis Gottes beschlossen.

Nicolai festo
(FREIE ÜBERSETZUNG VON B. BÜCHELE)

Nicolai festo,	Heut an Nik'laus Festtag,
bone Jesu, presto,	Jesus, ich dir Dank sag,
suos cum gaudend	voller Freud' ich singe,
famulos commendo	mit den Gläub'gen bringe
corde celebrare,	ich mein Herz, zu loben
/:secum triumphare.:/	/:dich im Himmel droben.:/
Iste puer magnus	Schon als Kind er groß war,
omni laude dignus	bringet ihm drum Lob dar;
coepit ieiunare	wollt' mit Fastenleben
et a lacte stare	Gott die Ehre geben,
per sextam et quartam	Mittwoch nur und Freitag
/:degens vitam rectam.:/	/:trinken er die Milch mag.:/
Domino cantamus	Lasst dem Herrn uns singen,
et benedicamus	Ehr und Lob ihm bringen
Nicolai festo!	heut an Niklaus-Feste!
Ex corde modesto	Und mit frommer Geste
gratias agamus	seid zum Dank bereit
saeculorum saecula	immer und in Ewigkeit!
saeculorum steck's in Sack!	Nimm die Gabe, „steck's in Sack"!

Vermutlich seit dem Ende des 16. Jahrhunderts dürften in Wangen die sogenannten Patemisten die Aufgabe des Klâsê-Singens übernommen haben; das Wort ist vermutlich vom lateinischen „partim" (= teilweise) herzuleiten, da es sich um Knaben handelte, die teils in die Lateinschule gingen, teils Sängerknaben waren. Solche Sänger- oder Partims-Knaben gab es auch in anderen Städten, in Memmingen z.B. bereits im 15. Jahrhundert. Die Wangener Patemisten existierten bis 1868, und erst in diesem Jahr wurde das alte Nikolauslied zum ersten Mal aufgeschrieben bzw. gedruckt. Davor war es mehrere Jahrhunderte mündlich weitervererbt worden – ein sehr seltener Fall von mündlicher Überlieferung.

Nach dem Ersten Weltkrieg wurde die Tradition des Klâsê-Singens durch Gymnasiasten und Sänger der Feuerwehr fortgeführt bis zum heutigen Tag.

„Knecht Ruprecht, Kind und Hündchen", Ludwig-Richter.

6. Dezember – Nikolaustag – Klâsêtag

Obwohl das Fest des Hl. Nikolaus auf den 6. Dezember fällt, hat sich beinahe das gesamte Brauchtum – wie schon gesagt – auf den Vorabend verschoben. Ein Rest des früheren Kirchenfestes und arbeitsfreien Nikolaustages war noch am Anfang des 20. Jahrhunderts lebendig, denn der Tag galt bis dahin als „Baurêfeitig" (Bauernfeiertag), an dem die Bauern nur das Notwendigste arbeiteten.

In der Zeit, bevor der leibhaftige Nikolaus am 5. Dezember zu den Kindern kam und dagegen in der Nacht unsichtbar seine Geschenke brachte, standen die Kinder am Morgen des 6. Dezember früh auf, voller Neugier, ob der Klâs was gebracht hatte. Die Klâsê-Geschenke stammten in Wirklichkeit meist vom „Gedde" (Taufpate) und von der „Goddê" (Taufpatin) und hießen deshalb auch „Geddes-" bzw. „Goddêklâs". Die Kinder erhielten von der Goddê zum ersten Klâsê-Tag neben einem Lebzelten (Lebkuchen) ein schönes Hemd, das „Goddêhemd", das oft aufwendig mit Rüschen besetzt war. Wie alt dieser Brauch war, zeigt ein Anhang zur Ratzenrieder Kleiderordnung von 1726: „Neben denen gewöhnlichen Göttiszelten (sollen) die Gottenhemetle nicht mehr in zarther Leinwath, sondern ordinary Landstuch ohne Spitz gegeben werden." Die Herrschaft versuchte so, gewisse prunkhafte Auswüchse einzudämmen.

Wenn die Kinder älter waren, erhielten sie Äpfel, Nüsse, Lebkuchen, einen gebackenen „Klâsêma" (Mann) und andere Süßigkeiten – manchmal auch zur Warnung eine Rute. Die Klâsê-Brote hatten im Allgäu nicht nur die Form eines Mannes, sondern konnten auch Gebilde in Hirschform, aber auch in Hasen- und Hühnerform sein. In der Tettnanger Gegend hieß man diese Klâsêmännle auch „Schweizermännlein", angeblich wegen der breiten Gestalt, die der weiten Schweizergewandung ähnelte.

Manchmal bekamen die Kinder auch Spielsachen, Schulgegenstände oder Kleidungsstücke – Geschenke, wie sie eben heute eher an Weihnachten gemacht werden.

Am Klâsê-Tag vor dem ersten Schultag gab es einen Ranzen mit Schulzubehör und als letztes Klâsê-Geschenk vor der Schulentlassung meistens einen „Nuschter" (Rosenkranz). Wohnte der Pate auswärts, überbrachte manchmal die erste Magd des Bauern die Geschenke.

Die älteren Kinder gingen am Nachmittag zu ihren Taufpaten, um sich dort ihren „Klâs" zu holen, d.h. Äpfel, Nüsse, Lebzelte und den obligatorischen „Klâsêma" aus Teig.

Nur selten bekamen die Kinder auch noch nach der Schulentlassung Geschenke zum Klâsê-Tag, doch konnte es vorkommen, dass Mädchen im heiratsfähigen Alter eine sogenannte Klâs-Kunkel oder ein reich verziertes Spinnrad erhielten. Auch wurden da und dort die Dienstboten mit Wäsche oder anderen nützlichen Dingen beschenkt.

николаус oder Santa Claus?

Seit einigen Jahren hat auch im Allgäu die Verwässerung alter Bräuche Einzug gehalten. Immer mehr sieht man statt des Nikolaus mit der Bischofs-Mitra den Santa Claus nach amerikanischem Vorbild mit roter Zipfelmütze, wie er an den Fassaden der Häuser hochklettert oder auf den Straßen der Städte seine Rolle spielt. Manche Allgäuer Dörfer und Städte wehren sich dagegen und rufen ihre Orte zur „Santa-Claus-freien-Zone" aus.

„Knecht Ruprecht verlässt die Stube", Ludwig Richter.

Nussherzen

Zutaten:

3	Eiweiß
250 g	Puderzucker
250 g	gemahlene Haselnüsse
30 g	gewürfelte Sukkade
1 EL	Rum
	Belegkirschen
	Zucker

Zubereitung:
Eiweiß zu Schnee schlagen und mit gesiebtem Puderzucker schaumig rühren. Die Masse teilen, eine Hälfte mit der fein gehackten Sukkade, mit den Nüssen und dem Rum vermischen und durchkneten. Diesen Teig auf einem mit Zucker bestreuten Blech ausrollen und Herzen ausstechen. Diese mit der restlichen Eiweiß-Puderzuckermasse bestreichen und mit einer halben Kirsche belegen. Bei 150°C bis 175°C etwa 40 Minuten bei schwacher Hitze mehr trocknen als backen.

Albertle

Zutaten:

125 g	Butter
4	Eier
250 g	Zucker
1	Päckchen Vanillezucker
500 g	Mehl
250 g	Stärkemehl
3 EL	Rahm
1	Päckchen Backpulver
	Backfett

Zubereitung:
Unter die schaumig gerührte Butter abwechselnd die ganzen Eier, Zucker, und die übrigen Zutaten untermischen. Zum Auswellen 125 g Mehl zurückbehalten. Auf dem Backbrett zu einem glatten Teig verkneten und auswellen, mit dem Reibeisen ein Muster aufdrücken, runde Plätzchen oder beliebige Formen ausstechen und auf gefettetem Backblech bei mäßiger Hitze hellgelb backen.

Weihnachtsmärkte

Seit einigen Jahrzehnten haben auch im Allgäu stimmungsvolle Weihnachtsmärkte Tradition. Die schön renovierten Altstädte und die heimeligen Dorfplätze laden förmlich dazu ein. Dort gibt es ein vielfältiges Angebot: Glühwein, Punsch oder Glühmost und Kräutertee, Weihnachtsgebäck, süße Waffeln, Maroni, Crèpes und allerlei regionale Leckereien, kunstgewerbliche Objekte aus Holz, Stein oder Filz, Krippen, Krippenfiguren, Dekorationen und Gestecke. Oft stimmen Lieder und Instrumentalstücke in die Weihnachtszeit ein.

Isny

Der weihnachtlich geschmückte Innenhof des Isnyer Schlosses bzw. ehemaligen Klosters bietet eine zauberhafte Kulisse für den Weihnachtsmarkt, der jedes Jahr Anfang Dezember stattfindet. Vier Tage lang präsentieren die Aussteller ein originelles Sortiment handwerklicher und kunsthandwerklicher Produkte und allerlei Leckereien. Besondere Attraktionen sind das Engelefliegen, bei dem ein Engel vom Abtshaus herunterschwebt und die Kinder beschenkt (s. S. 91), eine lebende Krippe und der Nikolaus, der am 6. Dezember erscheint. Im himmlischen Postamt freuen sich die abgesandten Engel des Christkinds auf die Wunschzettel der Kinder und nehmen sich Zeit für ein kurzes Gespräch oder lesen Weihnachtsgeschichten.

Isny

Kempten

Kißlegg

Kempten

Der Kemptener Weihnachtsmarkt wird alljährlich auf dem Rathausplatz in der historischen Altstadt errichtet. An den weihnachtlich geschmückten Ständen finden sich viele originelle Geschenkideen. Beschaulichkeit und Gemütlichkeit, festlicher Lichterglanz, der Duft von Glühwein, gebrannten Mandeln und Tannengrün bestimmen die Atmosphäre. Auf die Kinder warten Nikolaus, Märchenfee, das Kasperle, ein Karussell, das Weihnachtspostamt und ein Zauberspaß. Auf der Bühne des Marktes werden Musik und Gesang geboten. Der „Kemptener Weihnachtsbrunnen" ist mit Szenen aus der Weihnachtsgeschichte künstlerisch gestaltet.

Kisslegg

Im einzigartigen Ambiente des barocken Schlosses finden sich in den prächtigen Sälen und Fluren die Stände von bis zu 50 Kunsthandwerker/innen, die mit ihrem facettenreichen Angebot die Besucher verzaubern und begeistern. Der Schlossgarten in märchenhafter Beleuchtung steht ganz im Zeichen der kulinarischen Genüsse. An allen drei Tagen des Weihnachtsmarktes spielen die örtlichen Musikkapellen im Schlossgarten sowie im Schloss vorweihnachtliche Klänge und verbreiten eine ganz besondere Stimmung. Für die kleinen Besucher gibt es neben dem Besuch vom Nikolaus ein jährlich wechselndes Veranstaltungsangebot.

Leutkirch

LEUTKIRCH

Am 2. und 3. Adventswochenende wird die historische Altstadt zu einem adventlichen Hüttendorf. In der Weihnachtsbäckerei lernen Kinder vor dem Backofen den Umgang mit dem Wellholz – oder sie genießen die Spannung bei der Märchenstunde. Musik- und Gesangsgruppen sorgen für vorweihnachtliche Stimmung. In den Markthütten gibt es Kunsthandwerk, heimische Erzeugnisse und leckere Spezereien.

MEMMINGEN

Zu Beginn des Weihnachtsmarktes reitet das Memminger Christkind auf dem Marktplatz ein und eröffnet zusammen mit dem Oberbürgermeister den Christkindlesmarkt mit einem Gedicht. 35 Stände bieten, umrahmt von Rathaus, Großzunft, Steuerhaus und schönen Bürgerhäusern, ihre Waren rund um Weihnachten

Memmingen

an. Die Besucher werden durch Gesangs- und Bläsergruppen unterhalten. Der Nikolaus verteilt am ersten Wochenende und am Nikolaustag Geschenke und das Christkind erzählt am Samstagnachmittag Märchen.

WANGEN

Bis zum Weihnachtsfest ist an jedem Adventssamstag Weihnachtsmarkt in der Altstadt. Die Stände werden an allen Weihnachtsmarkttagen von anderen Anbietern bespielt. So lockt der Weihnachtsmarkt immer wieder neu zum Bummeln in die malerische Altstadt, die in der Vorweihnachtszeit mit ihren üppigen Christbäumen und dem Weihnachtsschmuck an den Häusern einen ganz besonderen Reiz entfaltet.

Zur weihnachtlichen Vorfreude tragen auch die musikalischen Darbietungen der Musikkapellen, Bläsergruppen und Chöre aus Wangen und den umliegenden Ortschaften bei. Adventslesungen, Engel mit Süßigkeiten und die traditionellen „Klose" bieten zusätzliche Akzente.

Der echte Markt wird ergänzt durch einen Weihnachtsmarkt im Puppenstubenformat im Giebelsaal der Badstube.

Wangen

ADVENTS- UND WEIHNACHTSKONZERTE

Seit einigen Jahrzehnten gibt es während der Adventszeit in vielen Allgäuer Dörfern und Städten besondere Advents- und Weihnachtskonzerte mit Allgäuer Volksmusik. Stubenmusiken mit Streichern, Hackbrett, Zither, Harfe und Gitarre spielen regionale Stücke wie z.B. Ländler, Walzer, Polka, Mazurka oder Pastorella aus alten Handschriften. Gesangsgruppen singen Lieder in Allgäuer Mundart und manchmal kommt eine kleine Bläsergruppe dazu. Zwischen den Musikbeiträgen gibt es besinnliche oder humorvolle Texte in Mundart. Solche Konzerte sind beliebt als stimmungsvolle Vorbereitung auf das Weihnachtsfest.

Der Autor hat in den letzten Jahren drei Notenhefte mit regionalen Instrumentalstücken aus dem 18. bis 19. Jahrhundert veröffentlicht, die eine reiche Auswahl für solche Konzerte bieten; ebenso zwei CDs mit barocker und volksmusikalischer Weihnachtsmusik aus Oberschwaben und dem Allgäu.

8. Dezember – Mariä Empfängnis

Das Kirchenjahr war früher von einigen wichtigen Marienfesttagen geprägt. Zu ihnen gehörte – neben Mariä Lichtmess (2. Februar), Mariä Verkündigung (25. März), Mariä Heimsuchung (2. Juli), Mariä Himmelfahrt (18. August), Mariä Geburt (8. September) – auch das Fest Mariä Empfängnis. Dieser Tag feiert, dass Maria – nach katholischer Lehre – ohne Erbsünde von ihrer Mutter Anna empfangen wurde. Das Fest Mariä Empfängnis war wie alle Marienfeste ein kirchlicher Feiertag und wurde sogar noch bis ca. 1960 als ein solcher gehalten. Mancherorts wurden Prozessionen abgehalten, besonders dort, wo sogenannte Jungfrauenkongregationen bestanden. Die Jungfrauen traten dann mit ihren schwarzen Kleidern mit weißer Schärpe beim Gottesdienst auf. Frauen, die vor einer Entbindung standen, riefen „Maria von der Unbefleckten Empfängnis" in besonderem Vertrauen an.

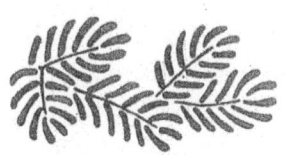

HERBERGSUCHE

In vielen Orten Oberschwabens und des Allgäus wurde der Brauch des Marientragens bzw. der Herbergsuche gepflegt. Er stammt vermutlich aus dem Salzburger Land; mit ihm sollte die Herbergsuche in Bethlehem nachgespielt und gleichzeitig die Bereitschaft zur Aufnahme des Jesuskindes geweckt werden: Ab dem neunten Tag vor Weihnachten „wanderte" die Mutter Gottes täglich bis zum Hl. Abend in Gestalt einer Marienstatue von Haus zu Haus. Der Zeitraum von neun Tagen griff die katholische Tradition der „Novenen", d.h. von neuntägigen Gebeten bzw. Andachten auf.

Neun Familien oder Einzelpersonen stimmten sich zuvor ab. Am neunten Tag vor dem Hl. Abend begann die Herbergsuche: Eine Marienstatue wurde mit einem Schleier bedeckt und abends nach dem Gebetläuten in das erste Haus gebracht, wo man sie auf ein weiß gedecktes, mit Blumen und Kerzen geschmücktes Tischchen stellte. Die Hausmutter sprach einige Begrüßungsgebete; dann folgten fünf Vaterunser und allgemeine Fürbitten, am Schluss ein Marienlied. Im zweiten Teil der Andacht las man aus der Hl. Schrift oder aus einem Marienbuch vor, betete den freudenreichen Rosenkranz und sang Adventslieder. Dies dauerte bis gegen 22 Uhr, vereinzelt die ganze Nacht hindurch. Am nächsten Abend versammelte sich die Familie zum Abschied um die Madonna und begleitete sie dann zur nächsten Familie, wo sich die Betstunde wiederholte. Die überbringende Familie blieb an diesem Abend noch bei der gemeinsamen Betstunde. Daran anschließend wurde noch miteinander geplaudert und es gab einen Schnaps oder einen Likör und dazu Lebkuchen.

Dieser Brauch ist nur noch in vereinzelten Orten lebendig. Ein besonderes Herbergsuche-Lied ist im Allgäu erhalten:

Wenn die Augen schlafen und die Seele wacht,
geht die Mutter Gottes durch die Winternacht.

Pocht mit zarten Händen an die Türen lind:
„Willst du mir nichts schenken für mein kleines Kind?"

Wird im Stalle liegen, frieren bloß und arm,
schenk ein Flöckchen Liebe, Liebe macht ihm warm.

Schenk ein Hälmchen Güte, Güte bettet weich,
schenk ihm deine Armut und du machst es reich.

Brenn ein Kerzchen Sehnsucht und der Stall wird licht,
knie ein Stündlein Demut, tief das Angesicht.

Und ich bett mein Kindlein in dein Herz hinein,
und du darfst dem Heiland eine Wiege sein.

„Weihnachtsabend", Ludwig Richter.

Der Autor schrieb eine Geschichte, die die Herbergsuche ins Allgäu verlegt. Hier ein Auszug:

Amê schenê Dag, s'isch scho Herbscht, schellet dr Ammann auf'm Dorfplatz: D'r Schtaat well ê Volkszählung machê, dass au koiner bei dr Schteier durch d'Lappê gangê könnt. Alle, wo no oinigermaßê krebslê kennet und im Kopf no so weit beiênand sind, dass se ihren Namê wisset, sollet in d'Kroisschtadt kommê; ê Ausnahm gäb's it, ausser wenn oiner im Schterbê leit.

D'Leit im Dorf bruddlet: „Grad uf Wihnächtê mueß des sei, wo mê doch so gnuê zum duê hât mit Holzmachê, Metzgê, Wihnächtsbretlê und Biêrê-Zeltê bachê, G'schenker eikaufê, Chrischtbômm richtê und so. Und außerdem wird bei der Glegêhoit glei wieder d'Schteier erhöht oder ê nuie erfundê. Mir hând g'hert, se wellet d'Tabakschteier au wieder erhöhe, s'sei „wegê dr innere Sicherhoit …" Dâ frâgt sich bloß, welle innere Sicherhoit …

Der Ammann hert des und sait: „Was bruddlet ihr denn? Wär's ui im Sommer liêber, wenn ihr auf êm Feld Ômahdê miêsset? Was dund denn d'Baurê an Wihnächtê als Saufê? Und außerdem: Dr Schtaat braucht Geld und ihr sollet firs Volkswohl schaffê. S'kennt am End no so weit kommê, dass mê Wihnächtê abschafft und dass ihr an dem Dag schaffê miêsset!"

D'Maria bruddlet it und denkt sich ihr Sach. Se sorget sich, weil dr Weg weit isch in d'Kroisschtadt. Es nächtelet scho friêh, der Wind blâst käl und der Weg isch schlecht bahnet. „Was dommr, Josef?" frâgt se. „Gang i z'Fueß, verliêg i, und ên Wagê oder Schlittê leidet's it."

Dâ gôht dr Josef hintere an sei Schpardos und klepperet drmit: „Guêt, dass i g'schparet hân. Luêg, i kauf ê Esele, dâ hockesch nauf; und unser Kuêh nimm i au no mit; diê ka i melkê, dass mr ebbes zum Trinkê hônd, und im Schtätdle kennet mr se êm Metzger verkaufê, nâch hômr ê Geld, dass mr diê Schteirê zahlê kennet."D'Maria richtet êm Josef no ên wullenê Schopê, ê baar Hendschê und Ohreschitzer her. Denn henkt se êm Esele no ê Gleckle um, und los gôht's Richtung Stadt.

S'isch ê kalte Winterszeit. D'Weg sind verschneit, im Wald und in dene Dobel isch fascht koi Futtkommê. Wiê d'Maria no ê Kind war, hât d'Muêtter Anna immer g'sait, wenn's schneiet: „Luê, diê Flockê kommet vom Fliegelwerk vom Hoiligê Goischt, drum sind se so leicht und weiss." Was nitzt mr des heit, wenn's so schturmet und so häl isch?

Mittags kommet se in ê Dörfle und kehret in dr Wirtschaft ei. Dr Josef b'schtellt ê Lumpêsuppê, zwei baar Schiebling, zwei Wangemer Seelê und fir sich ê Halbe. Dr Esel und d'Kuêh kriêget ê Wischle Hai. Bald gôht's weiter. Endlich, am Âbed, s'isch scho kuêhnacht, kommet se an ê Haus. „O Josef, s'isch Zeit! Mach woile, Ma, und suêch ê Quartier, i schpiehr's, mei Schtund isch dâ!" Er traut sich gar it zum Leitê.

Dâ kommt ên Ma zur Dier raus und schreit: „Fir Bettler hâmmr nix! Und rei lâmmr ui au it, ihr dätet uns jâ diê Schtub verdrecklê!"

So ziêhet se weiter und kommet an ê Hotel. Auf êm Schild schtôht: Zuê dê Hoilige Drei Kenig. Dâ simmr richtig, denkt dr Josef. Er bocklet an Ladê na, aber niemed macht auf. Dâ gôht obê ê Fenschter auf. „Was wend denn ihr? Bei uns isch alles belegt, s'isch grad d'Weihnachtssaison, und dâ hât's Touristê grad gnuê!" So miêsset se wieder weiter und kommet an ê Baurêhaus. Glei fangt der Hofhund zum Bellê a.

Dr Bauer guckt zum Dennêsdor raus und rueft: „Mir hând koin Platz und au koi Zeit, mir sind grad am Metzgê, und d'Frau isch am Bachê."

Dr Josef sait: „Mei Frau kriêgt all Augêblick ihr Kind und sott dringend unter ê Dach."

Dr Bauer lâsst sich erwoichê: „Dâ hintrem Haus isch ên Schtall. Dâ isch ên Baarê mit êmê Schtroh für dê Esel und diê Kuêh und ên Haihaufê fir ui zum Gruêbê."

So, ihr liêbe Leit, wiê isch's nâch mit ui? Isch uier Herberg au belegt, dass ihr koin Platz hând fir diê hoilig Familie? Hând ihr eire Zimmer und Kammerê, Keller und Kühlschränk voll mit allem, was mê so an Winächtê braucht? Ên schenê Gansbrâtê, Biêrêzeltê, Wihnächtsschtollê, Bixê voller Springerlê, Anisloiblê und Zimtschtern? Ên großê Chrischtbômm mit Kuglê und Kerzê und êmê schenê Schtern obêdrauf? Ên Haufê Gschenker aufênand beiget, dass mê schier nummê laufê ka?

Und hând r au koi Zeit fir diê Hoilig Familie vor lauter Rennê, Hudlê und krâmê? Kennt's vielleicht sei, dass ihr vor lauter Wuslê d'Hauptsach vergesset: dass Maria und Josef vor dr Dier schtandet und zuê eich rei wellet und mit eich Wihnächtê feirê wellet? Ihr kennet jâ diê Gschicht vo dê siebê gscheide und dê siebê dumme Fehlê. Zindet no glei, wenn r hoim kommet, ê baar Kerzê a, dass mê in uirem Haus sieht, dass nômmer auf isch und bässelet, ob it dr hoilig Bsuêch kommt. Und wenn s'Chrischtkind im Räêgê vom Himmel rab kommt, wiê's im Liêd „Tauet Himmel" hoisst, denn lâsset au d'Räêgêdächer zuê, dass der Räêgê in ui neischliêfê ka, bis z'innerscht nei.

KLOPFERNÄCHTE

Früher existierte im Allgäu und in Oberschwaben der Klopferbrauch, auch Klopfars- oder Klöpflesbrauch genannt. Der älteste Beleg dafür im schwäbisch-alemannischen Raum stammt aus den Jahren 1426 bzw. 1436 für Basel und 1454 für Augsburg. Die Kinder und Jugendliche armer Leute zogen an den drei Donnerstagen vor Weihnachten jeweils in aller Frühe – ab vier Uhr – meist in Gruppen von Haus zu Haus. Mit einem Hämmerchen, einer Rute oder auch mit dem Finger klopften sie an die Fenster, Läden und Türen oder warfen Erbsen an die Fenster und sangen dann ein Bettelsprüchlein. Darauf erhielten sie Äpfel, Birnen und Brot. Die erbettelten Gaben sammelten sie in mitgebrachten Säcken oder Körben. Mit Anbruch des Tages waren die Klopfer wieder verschwunden, wohl deshalb, weil die Kinder beim Betteln nicht erkannt werden wollten. Zusätzlich vermummten sich auch manche. Da der Klopferbrauch meist am frühen Morgen stattfand und bis zum Beginn der Schule abgeschlossen sein musste, hatten es die Buben sehr eilig, durch das ganze Dorf zu jedem Haus zu kommen, weshalb sie die meiste Zeit sprangen. So hieß es in Isny und auch anderswo: „Der lauft wie ên Klopfar!"

Oft war der Brauch mit allerlei Schabernack und Geschrei verbunden; deshalb versuchten die Obrigkeiten im 18. Jahrhundert „das nächtliche Klöpflen oder Werffen an die Fenster während der christlichen Adventszeit, alles Schreyen, Jauchzgen und Johlen des Nachts" zu verbieten. Auch in der Herrschaft Ratzenried wurden Klagen laut, dass „junge Purschen zur Nachtzeit umher schwermen und durch ihr unsinniges Geschrey und Gepolter die Ruhe stöhren". Der Dorfschütz solle, wenn er ein Geschrei und Gepolter höre, „ohn zu verweilen dem Geschrei nachlaufen und die Polderer aufschreiben." Noch im 19. Jahrhundert gab es den Brauch, am Türklopfer zu klopfen und die Leute zu ärgern. Da sich mancher Hausbesitzer vorsah und die Klopfer sogar teilweise mit dem Gewehr bedrohte, sicherten sich die Burschen oft davor, indem sie an den Türklopfer heimlich eine lange Schnur knüpften, den sie dann von Ferne, wo man sie nicht sehen konnte, anzogen (Reiser S. 11).

Auch im Allgäu ist ein Lied überliefert:

Jetzt isch halt me diê Klöpfleszeit,
drum machet mir uns dra,
mir ziehet durch diê weite Welt
und klopfet fleißig a.
/:Mir bleibet it vor dê Dürê schtông,
mir trauet uns ins Haus zum gông,
ins Haus, ins Haus.:/

Gott grièß eich, Herr und Frau im Haus,
mir saget eich was vor,
es isch jetzt gar it lang meh aus,
es schtôht scho vor dem Tor
/:diê liêbe, guête Weihnachtszeit,
wo Himmel sich und Erde frait,
jâ frait, jâ frait.:/

Des Jesuskind, des wird jetzt bald
im Kripple wieder sei,
es friert, es isch ihm viel zuê kalt,
drum wärmt es fleißig ei.
/:Bringt ihm ê Herz voll Lebensgluêt,
damit es nimmeh frierê duêt,
bringt Gluêt, bringt Gluêt.:/

Im Westallgäu kannte man den Spruch:

Klopfe, klopfe, Hämmerle,
s'Brot leit im Kämmerle,
s'Messer leit dênäêbê,
willsch mr êbbes gäêbê?
Epfel raus, Bierê raus,
nâ gômmr in ê anders Haus!

Im Ostallgäu sagten die Kinder folgenden Spruch auf:

Holla, holla, Klöpflesnacht!
Guêt Jâhr, guêt Jâhr,
dass Flachs und Koar guêt grât!
Kraut und Zwiefel, ou it übel,
und ên Brockê Schmalz im Kiebel.

Ähnlich wie am Nikolausbrauch haften auch am Klopferbrauch heidnische Vorstellungen. Zunächst ist dieser Brauch an Donnerstage gebunden. Der Donnerstag war der dem germanischen Gott Donar geweihte Tag, und Erbsen galten als Lieblingsgericht der Zwerge, die mit Donar in enger Beziehung standen. Entsprechend hielt man die Klopfernächte für besonders magisch: Ähnlich wie in der Andreas-, Thomas- und Silvesternacht erhoffte man sich in den Klopfernächten orakelartige Vorhersagen für die Zukunft.

Schließlich deutet der Lärm, der in den Klopfernächten bezeugt ist, auch auf Lärmbräuche hin, ähnlich wie am Klâsê-Tag.

Bei all diesem magischen Donnerstagsbrauchtum nimmt es deshalb nicht wunder, wenn die Kirche die Donnerstage als besonders dämonisch einstufte. Wo sich die heidnischen Vorstellungen nicht ausrotten ließen, wurden sie mit christlichem Gedankengut verknüpft. Im Falle der Klopfernächte versuchte die Kirche, Adventsgedanken einzuschleusen. So ist ein Spruch überliefert:

> *Der Advent bringet dir hohen Mut*
> *das eine andre Zeit nit tut,*
> *denn die Klöpfleinsnacht fürwahr*
> *bringet dir Glück und Heil zu diesem Jahr.*

In diesem Spruch zeigt sich übrigens, wie der Brauch des Heischens – in Verbindung mit Sprüchen – sich mancherorts mit ähnlichen Bräuchen an der Jahreswende vermischte, ja, sie sogar ersetzte.

Trotz der zeitweiligen Verbote hat sich der Klopferbrauch – besonders als Heischebrauch – bis in unser Jahrhundert herein erhalten, allerdings eher im nördlichen Oberschwaben. Im Allgäu ist er nur noch vereinzelt vorhanden – so etwa in Wilhams.

Die Vorsorge für den Weihnachtsbraten

Die Weihnachtszeit wurde von vielen auch aus dem Grunde herbeigesehnt, weil es da in den meisten Familien das einzige Mal im Jahr Fleisch zu essen gab. Sonst aß man eher Mehlspeisen und Gemüse.

Kurz vor Weihnachten wurde die Sau „g'metzget", die man das Jahr über gemästet hatte. Der Metzger kam auf den Hof und schlachtete das Tier an Ort und Stelle. Im Sauzuber wurde sie abgebrüht und dann in Stücke aufgeteilt. Da gab es Blut- und Leberwürste, Schwartenmagen, Würste, Grieben und Schmalz – alles, was das Herz und besonders den Magen erfreute. Das Fleisch wurde teils eingepökelt – es gab ja noch keinen Kühlschrank! –, teils eingemacht, teils geräuchert. Das beste Stück wurde für den Weihnachtsbraten reserviert.

Auf manchen reicheren Höfen wurden Gänse gehalten, die kurz vor Weihnachten ihr Leben lassen mussten, um ein besonderes Weihnachtsessen zu garantieren. Die Federn brauchte man für die Bettdecke, das Fleisch aber wanderte in den Backofen.

Schwäbische Schlachtplatte mit Sauerkraut

Zutaten:

	Blutwürste
	Leberwürste
	Schweinebauch
	Kesselfleisch
	geräucherte Ripple
750 g	Sauerkraut
1	Zwiebel
50 g	Schweine- oder Gänseschmalz
je 1	Schuss helle Brühe und Weißwein
1 EL	Wacholderbeeren
	Kümmel
	Thymian
	Majoran
½	Lorbeerblatt im Mullbeutelchen
1 EL	Mehl

Zubereitung:

Die Zwiebel klein schneiden und im Schmalz blond anbraten, mit der Brühe und dem Weißwein ablöschen und das Sauerkraut 30 bis 40 Minuten zusammen mit dem Fleisch und den Würsten darin garen. Zwischendurch die Wacholderbeeren und das Lorbeerblatt sowie je eine Prise der Gewürze hinzufügen. Zum Schluss das Mehl in wenig kaltem Wasser verrühren und das Sauerkraut damit binden. Dazu gibt es Kartoffeln oder Spätzle.

Metzelsuppe

Die Metzelsuppe wird traditionsgemäß immer am Schlachttag zubereitet.

Zutaten:

1	Zwiebel
30 g	Schweineschmalz
1 ½ l	Wasser (besser Brühe)
2	Leberwürste
2	Blutwürste
	Salz
	Pfeffer
	Muskat
1 TL	Majoran
4	Scheiben Bauernbrot
1 EL	Schnittlauch

Zubereitung:

Die Zwiebel in Streifen schneiden und im Schmalz anbräunen, mit der Brühe oder dem Wasser auffüllen. Nun die Würste vom Darm befreien, in die Flüssigkeit geben und das Ganze aufkochen lassen. Mit je einer Prise Salz, Pfeffer und Muskat sowie dem Majoran abschmecken und noch ca. fünf Minuten weiterköcheln lassen. Das Brot in kleine Würfel schneiden, rösten und mit dem fein geschnittenen Schnittlauch dazugeben.

21. Dezember – Fest des Hl. Thomas

Bis zum Ende des 18. Jahrhunderts war das katholische Kirchenjahr um ca. 30 kirchliche Feiertage reicher. Zu den wichtigsten Festen gehörten die Apostelfeste. 1771 stellte der Konstanzer Bischof fest, zu dessen Bistum damals das Westallgäu gehörte, dass „die allzu häufige Anzahl derer Festtäge weniger Andacht im Gottesdienst, wohl aber mehr Ausschweifungen und Üppigkeiten hervorbringet." Deshalb wurden u.a. alle Apostelfeste zu Werktagen „abgewürdigt", außer dem Fest Peter und Paul, an dem alle Apostel zusammen gefeiert werden sollten, das inzwischen aber ebenfalls abgeschafft ist.

Bevor aber der 21. Dezember, der Thomastag, zu einem Apostelfest wurde, war er sicherlich ein altheidnischer Lostag. Viele kirchliche Feiertage wurden ja bewusst auf heidnische Feste gelegt, um das alte Brauchtum zu verdrängen. Ähnlich wie mit dem Andreastag waren mit dem Thomastag magische Vorstellungen verknüpft. An der Parallelität der Wahrsage-Bräuche kann man sehen, dass beide Heiligen im Volksglauben an die Stelle des alemannischen Gottes Ziu getreten sind (s. Andreastag).

Ein Spruch ist im Zusammenhang mit der Thomasnacht aus der Leutkircher Gegend überliefert: „Wenn ein Mädchen zur Mitternachtsstunde in der Thomasnacht unbekleidet rückwärts die Stube auskehrt, wird sie ihren zukünftigen Mann sehen."

Der Thomastag gab als Lostag auch ganz allgemein Auskunft über die Zukunft. An diesem Tag schnitt man in unserer Gegend einen Zweig von einem „Kriêsbêbâmm" (Kirschenbaum) und stellte ihn in einer Vase an einem warmen Ort auf. Wenn der Zweig an Weihnachten blühte, war dies ein gutes Zeichen, im anderen Fall ein schlechtes. Hier zeigt sich eine Ähnlichkeit zum Barbarazweig.

Die Thomasnacht galt aber auch als besonders gespenstisch, denn man glaubte, in dieser Nacht ritten die „Schrättele" (Geister) auf Sonnenrädern durch die Lüfte.

Das Engele-Fliegen

Am Thomastag bzw. an einem anderen Tag vor Weihnachten kam in Isny nach Einbruch der Dunkelheit das „Engele". Dabei wurde von einem oberen Stockwerk außen an der Hauswand eine Engelsfigur an einer Schnur heruntergelassen, sodass sie vor einem Fenster schwebte, hinter dem die Kinder sich aufhielten. Das Engele hatte zwei brennende Kerzen in den Händen und ein oder zwei Körbchen am Arm. Sobald das Engele vor dem Fenster schwebte, öffneten die Kinder das Fenster und sangen voller Freude ein Krippenlied. Danach nahmen sie aus dem Körbchen die dort eingelegten Lebkuchen oder Nüsse.

Manchmal kam es vor, dass Lausbuben diesen ergreifenden Moment zu einem Schabernack ausnützten. Sie lauerten auf der Straße mit Stangen, an deren oberen Enden sich Nägel befanden. In dem Moment, als das Engele vor den erwartungsfrohen Kindern schwebte, versuchten sie, die Körbchen zu erhaschen oder auszuleeren.

Wenn 's gwiehnächtet hât
FRANZISKA SCHIELE

Sobald im Advent dr Klâs dâ gsi isch, hât 's dr Muatter allwiel pressiert. No im Dunklê isch se mit is Kind zur Kirch i d' Rorate g'ielt und hât so reat d' Adventsstimmung mit hui gnô. Um alls naz'bringê zum Wiehnächtsfescht hât se 's fascht num vrrennê kennê. Se hât für is Mädlê, so ganz vrschtohles, schäne Schößlê nähê und 'm Chrischtkind narichtê müassê. Für d' Dockêbabel a neis Häs häklê, a Kloidle mit ma Hüatle und Schtrimpflê dazua. Au hât dia Babel a Mäntele kriagê sollê mit ma Belzkrägele, grad so wia isre Sunndagsmäntel gsi sind. So guat se 's hât kennê, hât se für is Mädlê für 's Engelhäs zum Krippêschpiel a's Nachthemed Goldborta nakinschtlê müassê und gschickt d' Fligel mit Goldbabier vrbäbbê. Dazua für dê Hirt us 'm Beizvorleger an Umhang eijedeichslê, für 's Mäxle, mi kleis Briderle. Hôn's mir Gofê wichtig ghet mit dem Wiehnächtsspiel, dass jâ alls, grad so wias im Evangele gschtandê isch, reat worê isch!

Schnell isch d' Zit für 's Guêtslêbachê dâ gsi. Vielerloi Gschmäcklê vo Schpringerlê, Leabzeltê, Anisloiblê, Schokoladguêtslê, Kokosloiblê und Zimtschtern sind vorwiehnächtle dur 's Hus zogê. War des a Freid für is Bälg, wenn mir Versuacherlê vrschmeckê hônd dürfê, obwohl 's oft bloß dia vrbrennte gsi sind.

Zitig hât dr Vattr dê Chrischtbâm gholet und all Jåhr si Not mit 'm Reat z' machê ghet. Der Bâm hât halt nia so schä si kennê, dass d' Muatter it no figgrig nâmas dra z' briasslet ghet hett. Fürs Krippele hât no a frisches Mias hergschafft werê müassê und für dê Chrischtbâm neie Kerzlê und feine Sächelê zum Wegschtibitzê. So gnôt as migle isch dê Metzger vo Hof zu Hof zogê und 's hât 'm ibral pressiert wia bsessê. Dabei isch 'm d' Muatter hind und vorna zur Hand gangê und hât 'm gholfê so schnell se z'glufet ku isch. Allwiel näher isch des Fescht gruckt. Dass a dena Fierdäg all wäh gsi sind, hât d' Muatter iser Sunndagshäs suber herrichtê und Vattrs Krägê wäschê und schterkê müassê.

Butzet und gwachset hât se im ganzê Hus, bis alls de reate Glanz kriat hât, und se hât it luck gea, bis au im Schtal alls siberle gsi isch. Am Schtalgang hât ma se seah a dê Kladdra schärrê und liechê, as wär des a Schtubesbodê, und se hât it nogea, bis au dr letschte Schtritt vo dê Schtalfenschtra weggrieblet gsi isch. Gschtrieglet und bürschtet, so suber fei wia d' Mislê, hât ihr Veah vor 'm Schärrgrabe schtông müassê. Hât au it vrgeassê zum Noluegê, ob gnua Hei für dia hohe Däg im Fuattergang hergrichtet worê isch.

Scho bald sind dörrte Bira für d' Singate igwoicht worê. Denn ohne des Birêbrot, an altê Bruuch, hett 's bei is gar it Wiehnächte werê kennê. Und guat hât des werê müassê! Wiebeer, Fiega, Zimmat, Nelkê, a Schnäpsle und allerloi feins Gwürz sind i den süassê Doig mitijekneatet worê. Mir Krampê hônd is um dia Bachmuldê druckt und iser Näs bei der vielverliedige Kneaterei z' vorderscht hông müassê. I dem guschtige Gschmäckle hâmr 's ganz bibbrig vor 'm Bachofê fascht it vrwartê kennê, bis d' Muatter mit dr Bachschufel so zwölf Loib userzogê hât. Dia Singate hât nâh im Kär uf dr Brothänge ufs Ufschniede wartê müassê, bis 's Chrischtkind dâ gsi isch. Zum Feschtdags-Morgesessê und z'Âbed zum Kaffee hât au a Zopfbrot uf de Disch ghert. Drum hând no etle Zöpf und an Goglopf bachê werê müassê.

Endle isch der Hoilig Âbed dâ gsi! I der glänzig gwachstê Schtubê isch jetz dr Chrischtbâm, a Bämle vom Bode bis zur Balkêdecke, ufgschtellt worê. Dipflig hât d' Muatter d' Lucka mit falsche Äscht usbessret und mit 'm Chrischtbâmziag all andre Macka vrdeckt. Nebêzua hât se is Kind beim Krippele-Ufschtellê gholfê. Zfriedê isch se nâh i der wiehnächtliche Schtubê vor 'm Chrischtbâm gschtandê und ihre Auge hônd glickle iber ihr wohlgrâtes, glänzigs Werk gschtriechlet. Jetz hât 's Wiehnächtê werê kennê, s' ischt alls nagrichtet gsi!

Die Weihnachtszeit

24. Dezember – Heiliger Abend

Vorchristliche Wurzeln des Weihnachtsfestes („Wihnächtê")

Der Zeitpunkt des Weihnachtsfestes hat in mehrfacher Hinsicht heidnische Wurzeln, denn es wurde im 4. Jahrhundert in die Nähe des heidnischen Festes der Wintersonnenwende gelegt und fing in seiner Symbolik des Neuanfangs und des Nachtfestes manchen heidnischen Sinngehalt auf. Die Römer feierten außerdem am 25.12. mit Geschenken die Geburt des „Sol invictus", der „unbesiegbaren Sonne". Auch aus diesem Grund bot es sich an, das christliche Fest von der „Geburt der wahren Sonne" an diese Stelle zu setzen.

Schließlich weist der Name „Weihnachten" mit seinem Plural „-nachten" bzw. „-nächte" auf die zwölf Nächte zwischen dem 25.12. und dem 6.1. hin, auf die heidnisch-magischen Rauchnächte, die durch die Feier der Geburt Christi verchristlicht werden sollten. Noch heute sagt man im Allgäu „Wihnächtê", und bis heute hat sich am letzten der Rauchnächt-Tage das ehemals heidnische Räuchern der Häuser – als Dreikönigsbrauch – erhalten.

Der Weihnachtsbaum

Auch der Weihnachtsbaum dürfte an heidnische Vorstellungen anknüpfen. Der Baum symbolisierte in vielen heidnischen Kulten das „neue Leben". Der immergrüne Baum galt als Sitz der Götter und als Zeichen des Lebens und der Fruchtbarkeit. Deshalb wurden zur Feier der Wintersonnenwende in den zwölf Nächten zwischen Weihnachten und Dreikönig grüne Zweige als Schutz und Zaubermittel zur Beschwörung der neuen Erntesaison im Haus aufgestellt. So kam es denn auch, dass die frühchristlichen Synoden die Verehrung der Bäume verboten. Trotzdem haben sich die heidnischen Baumbräuche bis ins 16. Jahrhundert gehalten, wo sich dann endgültig der Weihnachtsbaum im heutigen und christlichen Sinn – vom Elsass aus – durchsetzen konnte.

Im Allgäu taucht der Weihnachtsbaum allerdings erst am Ende des 19. Jahrhunderts auf. Der Baum wurde früher heimlich beschafft und vor den Kindern versteckt. Am Hl. Abend wurde er dann, von den Kindern unbemerkt, in einem verschlossenen Zimmer geschmückt. Dazu verwendete man Christbaumkugeln, eine silberne Spitze auf dem Wipfel, Lametta, vergoldete oder versilberte Kiefernzapfen und Wachskerzen. Manchmal hingen am Christbaum auch richtige Saitenwürste oder essbare Quittenwürstchen, d.h. zu Würstchen geformte, dick gehackte Quittenmarmelade.

Die magische Bedeutung von Christbäumen war im Allgäu bis in die Gegenwart herein noch lebendig: Mancherorts verwendete man das Stämmchen des Christbaums als Stab zum Austreiben des Viehs im nächsten Frühjahr. Das sollte Glück bringen.
    Seit dem Beginn des 20. Jahrhunderts wurde es auch Brauch, am Hl. Abend die Gräber mit kleinen Christbäumchen zu schmücken, um die Erinnerung an die Verstorbenen in besondere Weise wachzuhalten.

Ê schene Bescherung!

Während meinen zahlreichen Unterhaltungen mit alten Leuten, bei denen ich viele interessante Details über das Leben in der früheren Zeit erfuhr, erzählte mir vor einigen Jahren ein Siggener folgende Geschichte, die ich hier frei nacherzähle.

Am hoilige Âbed isch es freier ou scho irber schaffig und wenig riêbig zuêgangê. D'Frou hât im Hus no diê letschte Arbetê dông, dass an Wihnächtê alles sche herbutzet war. Und mi hât se no nâch Râtzêriêd gschickt.

So hân i denn min Rucksack gnommâ, hân me warm azogê und bi ufm vrschneitê und u'bahnetê Wääg, durch Schneeschaltê und hintr mir dê froschdige Oschdner, am Schlatterweiher vrbei Richtung Dorferwald g'schdapft. Zum Christbâmm-Koufê hât's bisher noit g'langet, drum hân i in mim Rucksack ên kluinê Fuxschwanz i'gschdeckt. Im Dorferwald hât's jâ gnuê, und wenn dâ ê Dännele fehlt, mirkt des niemed – ou it dê Firscht (Fürst als Waldbesitzer). So hân i ê gschickts Dännele usgsuêcht und mit mim Fuchsschwänzle woile abgsäeget. Des hân i natirle it mit nâch Râtzêriêd nemmê kennê; drum hân i 's im Wald an ên Bâmm na gloinet. Am Huigâng wur i's scho mitloufê lông!

So bin i denn witter dur dê Wald und nâchher am Klingler-Wieher vrbi bis ins Derfle kummê. E Sou hommr i dem Jåhr it g'hett; drum hân i halt zum Metzger gông miêssê, wo i no dê Brâtê fir Wihnächtê kouft hân. Den hân i denn zuê mim Fuchsschwänzle in Rucksack nipackt.

Nâchher bin i witter zum Friseur, wil an dê Hochfescht d'Hoor doch ordêlê gschnittê und gschträlet si sottet. Und wil i in dê Wochê vor Wihnächte vor luter Schaffe kui Zit zum Gschenklê-Koufê ghett hân, hân i des halt an dem Tag ou no machê miêssê. Bim Friseur hât mê sich dettmâl it blos Hôôr schnidê und rasierê lông kennê, sondern mê hât dett ou Schpielwarê und Kracher fir Nuijâhr koufê kennê. Drum war des ganz g'schickt, dass i dâ glei ê baar Schpielsachê fir mine Kind hân mitnêmmê kennê.

Wie sich's ghert, isch mê freier mindeschtens zwei Mâ im Jâhr zum Biechtê gangê: an Wihnächte und an Oschterê. Drum bin i, frisch aufgmeblet vom Friseur und mit mim Rucksack samt Brâtê und Fuxschwanz zum Râtzêriêder Pfarrer zum Biechtê gangê. Umso besser, wenn er oin it kennt, wenn er die große und kleine Sindê von oim hert. Wiê'n i denn endlich drakummê bi und in Biechtschtuêhl niknuilet bi, hân i – wiê mê's als Kind g'lernet hât – nâch êm Biechtschpiêgel alls rabrasslê wellê, was mr so ig'fallê isch. Nâ hât dr Pfarrer gmuit, i soll doch wiê ên Erwachsenê biechtê und it wiê ên Schuêlerbuê. Däenas hât mi so druss brâcht, dass i glatt vrgessê hân, des mit dem Chrischtbämmle zum biechtê.

Desch mr aber erscht nâchher i'gfalle, wiê i ganz erliechteret in d' „Rose" (Wirtschaft) gangê bi. Vor luter Fraid hân i dâ oine um die andr Halbe trunkê, bis es scho kuêhnacht gsi isch. Anê pfiêtes! I muêss hui! Hiêt isch jâ Hoilig Âbed! Woile hân i min Rucksack packt und bi wieder Siggê zuê gschuehet. Desch aber it so guêt gangê: Erschtens war's dunkel und zwoitens waret's vorher ê baar Halbe z'viel. Wiê'n i endlich umê achte drhui war, hân i erscht gmerkt, dass i mi Chrischtbämmle im Dorferwald vergessê hân. Zuê allem U'glick na hât me d'Frou zammêgschissê, wil i so schpät huikumm; d'Kind seiet schu im Bett, d'Bescherung häb i uf mi Art gmachet.

Kuin Chrischtbâmm, kui Krippele, kui Bescherung, kui Singete, s'Wib narret und d'Kind im Bett! Nâ hân i halt zum Troscht zuê dene Halbe Bier von dê Rose no ê Flasch Likör in oim Zug na gschittet und bi nâchher grottêbroit ins Bett nigflacket.

Mittê in mim Schlâf weckt mi s'Wib: S'si Zitt firs Engelamt. Sellmâl hât mê z'Sigge am Morgê um viere s'Engelamt g'hett. Und wil me dâmâls it so liecht d'Kirch gschwänzet hât, bi i halt – hundsmiêd wiê i war – ufgschdandê und mit mim Wib nâch Sigge in d'Kirch gangê. Wiê diê endlich us war, war's Zit zum in Schdaal (Stall) gông. Nâch hân i des halt ou no hinter mi brâcht und bi denn, wie's grad hell worrê isch, nomâl ins Bett nigschloffê.

Hoiliger Schtrohsack, so ên hoiligê Âbed vrgiss i niê!

Weihnachtssingen – alte Heischebräuche

Seit alter Zeit gingen am Hl. Abend die Kinder armer Leute von Haus zu Haus, wo sie Weihnachtslieder sangen und dafür um eine Gabe bettelten. Für diese „Singete" erhielten sie entweder Esswaren – z.B. ein Birnbrot, das noch heute aus dieser Tradition heraus im Allgäu Singete heißt – oder Geld. Ein anderer Name für Birnenbrot war „Biêrêzeltê".

Solche Traditionen des Weihnachtssingens sind in Memmingen schon im 15. Jahrhundert und noch bis ins 19. Jahrhundert in Leutkirch und Gebrazhofen überliefert. Auch aus Isny wird berichtet, wie die Kinder armer Leute durch die Straßen zogen, Lieder sangen und Nahrungsmittel erbettelten. Diese sammelten sie in mitgebrachten Körben. Wollte man ihnen von einem oberen Stockwerk aus Geld geben, wickelte man dieses in ein Papier, zündete es an und warf es brennend auf die Straße hinunter, dass die Kinder das Geld leichter finden konnten.

Auch Gruppen von Buben zogen durch die Straßen und sangen oder brüllten Choräle vor den Häusern. Wenn niemand aufmachte, läuteten sie und schrieen: „Mê hât g'sungê!" Solche Lausbubenstreiche führten schließlich dazu, dass man in Isny dieses Weihnachtssingen ganz verbot.

Die Alt-Wangener Weihnachtslieder

Eine ähnlich interessante Geschichte wie die Wangener Klâsê-Lieder haben die Wangener Weihnachtslieder, die in mehreren Handschriften aus dem 18. und 19. Jahrhundert erhalten sind. Diese Wangener Weihnachtsliedertradition dürfte in Deutschland ziemlich einmalig sein, denn es handelt sich bei den meisten Liedern um solche, die in Deutschland kaum mehr bekannt sind. Einige von ihnen sind sogar Unikate im deutschsprachigen Raum.

Die insgesamt ca. 70 Lieder wurden leider ohne Noten aufgeschrieben, und nur von ca. zehn Liedern sind die Melodien bekannt, weil sie über Generationen hinweg mündlich überliefert und am Hl. Abend von Singknaben gesungen wurden, wenn sie – ähnlich wie beim Brauch des Nikolaussingens – durch die Stadt zogen. Die Melodien der meisten anderen Wangener Lieder waren freilich bis vor Kurzem verschollen. Deshalb versuchte der Autor im Rahmen seiner systematischen Volksliedforschung, bei der inzwischen rund 3.500 Lieder aus dem westlichen Allgäu und dem südlichen Oberschwaben zusammengekommen sind, in verschiedenen Archiven nach diesen Melodien zu forschen. Eine ganze Reihe konnte er in deutschen und österreichischen Archiven finden.

Hier sollen nur einige besondere Weihnachtslieder in Oberschwäbischer bzw. Allgäuer Mundart erwähnt werden.

Das alte Wangener Weihnachtslied „Allhier um Mitternacht" hat zwei mundartliche, ältere Fassungen, was beweist, wie solche Mundartlieder im 19. Jahrhundert durch die Lehrer auf Hochdeutsch „geradegebogen" wurden. Dort, wo die schwäbische Mundart ihren Stellenwert behielt – nämlich z.B. in der Schweiz und in Sathmarschwaben –, blieben die Lieder auch unversehrt.

Zwoi Rezept für d'Singete
Edwin Wölfle

Wil i woiß, dass ou ên Hufê junge Wiber wider sell bachet, will i Ui mine zwoi Geheimrezept vrrâtê. Aber jô it witersagê!

Boide Rezept sind uf sechs Loib Birrêbrot, jeder 1 kg schwer, usgricht. Freier hât mê's im Bachofê bachê, heitzetag ka ma's ou im Elektro-Ofê bachê.

1. Rezept: 4,5 Pfund Mehl, 150 g Zucker, 40 g Salz, 45 g Zelte-Gwürz, 100g Heff (Hefe), 400 g Wiibeer (Weinbeeren), 50 g Zitronat, 50 g Orangade, 4 Pfund trocknete Birrê, 1,7 l Wasser.

2. Rezept: 3 Pfund Mehl, 150 g Zucker, 25 g Salz, 35 g Zeltê-Gwürz, 150 g H„ff, 500 g Wiibeer, 40 g Zitronat, 40 g Orangade, 250 g gschnittene Figê (Feigen), 1,5 l Wasser, 3 Pfund trocknete Birrê.

S'isch etz wurscht, welles Rezept mê nimmt, d'Arbet isch boidsmâl dupfêglich. Z'erscht kocht mê i dem agebênê Wasser diê truckene Birrê woich. D'Birrê seihet mê rus und nimmt dê Birrêsaft, wenn'r bloß no lauwarm isch, zum Doigmachê. Dêzuê brucht mê s'Mehl, dê Zucker, s'Salz, d'Heff und die Gwürz. Nâ lâsst mê den Doig ê halbe Schtund a dê Wärme gông, denn erscht knettet mê d'Frücht (Wibeer, Birrê, Zitronat, Orangade) und – aber bloß wer's ma – 10 g Zimt dzuê.

Den ganze Kuddel-Muddel lât mê wider 20 Minutê a dê Wärme schtông, denn toilt mê'n in 6 glich große Hiflê (Häuflein) und formt Loiblê. Diê legt mê ufs Blech vom Herd, duêt's aber noit glei in Herd ni, se sottet etz nomâl ui Schtund Zitt zum Garê hông. Erscht jetzt schiêbt mê diê Blech in Herd ni, schaltet am Afang

5 Minutê lang uf 240 Grad und nâchher 55 Minutê uf 180 Grad. Wämmes denn rusduêt, schtricht mê die hoiße Loib obê mit Zuckerwasser a, se kriêget so ên schenê Glanz. Mê mueß diê Loib guêt uskiêhlê lông, nâchher ou kiêhl lagêrê oder i'gfriêrê. Und wenn etzt Luscht hâscht, gâscht alled wider hälingê (heimlich) a dê Kiêhlschrank, schnidscht ê Schibê rab und schmiêrscht ou gnuê Butter nuf, so schmeckt's am beschtê.

Diê uinzig Schwierigkoit, wo's bim Singete-Bachê gäê ka, isch diê, dass mê kuine truckne Birrê hât. S'isch denn s'bescht, wemmê bis nägscht Jâhr wartet, sich im Hirbscht (Herbst) mindeschtens 15 Pfund Butterbirrê, Oberöschterricher oder Wittfelder Birrê bsorgt. S'muêss so viel si, wil diê bim Tricknê uf e Fümpftel vu ihrem Gwicht zämmetschrumpflet. Mê sott diê Birrê vor'm Tricknê aber no guêt, aber jâ it matschig, usrife lông, denn schnit mê Schnitzlê, legt's uf ê Brett oder uf ê spezielle Birrêderre, und des schtellt mê uf dê warme Herd oder Ofê, bis d'Birrê tricknet sind, aber it bockelhart, liêber no ê weng lommelig (weich) lông. Freier hot mê bsondere Birrêderre (Metallroste) ghett, die hât mê mitsamt dê Birrê nâch'm Bachê in Bachofê nigschobê.

Wenn diê Birrêschnitz fertig sind, hoißt's aber ufpassê, sunscht hând se d'Buêbê vrdruckt (gegessen), vor mê zum Bachê kunnt.

Wohl mittê in dr Nacht
diê Hirtêschar wacht,
in Lüftê duêt schwingê,
des Gloria singê
ên englischer Bott:
Geborê isch Gott!

Diê Hirtê im Feld
verlând ihre Zelt,
se kennet it schnaufê
vor Rennê und Laufê,
der Hirt und sei Buê,
dem Krippele zuê.

Jâ Vatter, luêg a,
was findet mir dâ?
Im Kripple des Kindle
in schneeweisse Windlê,
bei Dierlênê zwoi,
dâ liegt's uf êm Heu.

O, dass Gott walt,
wiê isch es so kalt!
Mecht oiner verfriêrê,
des Läêbê verliêrê,
so kalt gôht der Wind –
mi duret (dauert) des Kind!

O, dass Gott erbarm,
diê Muêtter isch arm!
Se hât jâ koi Pfännle
zum Kochê dem Kendle,
koi Mehl und koi Salz,
koi Brot und koi Schmalz.

Wiê duret mi des Kind
im Räêgê und Wind!
Der Schtall isch ganz offê,
diê Dier isch zerbrochê,
si (sein) Bettle isch d'Schtrai,
si Decke isch s'Hai.

O heiliger Gott,
wiê bisch in dr Not!
Schteigsch abe vom Himmel
in's Erdêgewimmel,
kummsch her in ên Schtall
um z'helfê is (uns) all.

Ihr Hirtê, kommet raus,
mir mechtet nâch Haus!
Kommt alle, mir wollê
dem Kindle was hollê!
Kommt alle dâ her
und koiner it leer!

Ein anderes lustiges Hirtenlied ist ebenfalls in Wangen überliefert:

Seid luschtig, meine Buêbê,
i will eich jetzt was sagê,
was sich hât geschtern z'Nacht
bei mir im Schtall zuêtragê:
Als i war g'läêgê in mei'm Bett,
hât mi ên Engel grad aufg'weckt,
hât g'sagt, soll mit ihm geh'n,
wohin? Nach Bethlehem.

Und wie mir sind a'kommê,
dâ sieh i glei von fern,
dâ sieh i êbbes glänzê
grad wiê ên Feier (Feuer-)-Schtern.
Guck, guck bloß, wiê des Kind dâ liegt,
i hân scho g'moint, s'sei halb verschtickt,
es liegt auf bloßem Hai,
zwoi Dier sind au drbei.

Des oi ka i it kennê,
sieht aus grad wiê ê Ross,
ka's aber it räêcht nennê,
isch doch au it so groß –
beim Schlaprêment, i bild mir ei,
es wird halt wohl ên Esel sei!
Guckt dett, wo d'Mutter sitzt,
i glaub, i woiss es jetzt.

Ê schtoialter Dattel,
der kniêlet auf êm Hai,
ê bluêtschene Jungfrau
diê war au drbei.
Es muêß jâ sei ê große Not,
weil rab vom Himmel kommê isch Gott.
Jetzt gang i wiederum,
drum „B'fiêts eich Gott, schlâft gsund!"

Von einem weiteren Wangener Weihnachtslied konnte der Autor eine volkstümlichere Variante finden. Das Besondere an diesem Lied ist, dass die Geburt Christi mit seinem späteren Leiden in Verbindung gebracht wird.

Schtill, o Erde, schtill, o Himmel,
unser Gott liegt in der Ruêh.
Schtill, o Meer, mit dein'm Getümmel,
schließ doch deine Schrankê zuê.
Dâ liegt er ganz u'verhoffet,
isch vom Pfeil der Liebe troffê.
Dâ liegt er ganz schwach und matt
auf der hartê Liegeschtatt.

Hâsch vielleicht, du herzigs Kindle,
denn ên Liebstrunk gnommê ei,
dass du in so kalte Windlê
bisch so friedlich g'schlâfê ei?
Freilê isch der kalte Winter
Suscht ê Feind vo zarte Kinder,
aber dir diê Kält it schad't,
weil dei Herz so fescht brennt hât.

Schlâf, mei Kindle, ohne Sorgê,
schlâf, jetzt hâsch du jâ no Zeit,
wird di scho heit oder morgê
aufweckê der Judê Neid;
dâ wirsch du vor harte Waffê
wenig oder gar it schlâfê,
wenn mê di mit gröschtem Schpott
wird verdammê in dê Tod.

Schlâf, mei Kindle, dett im Gartê
wirsch du müssê wachsam sei,
Judas duèt scho auf di wartê,
di zum führê in diê Pei.
In dr Goiss'lung wirsch scho müêssê
den so diêfê Schlâf no büêßê.
Liêbschter Herr, vo dene Knäêcht
wirsch no kriêgê saure Nächt.

Lâss dir no vom Kreiz nix traimê,
allerliebschtes Jesulein,
mê wird di no it versaimê (versäumen),
jetzt bisch du no viel zu klei,
bisch ê Kind, derfsch es it wagê,
ê so schweres Kreiz zum tragê,
deine Bäcklê sind zuê woich
fir den hartê Backêschtroich.

Deine Händlê kreizlesweis leg,
neugebornes Kindele,
in dr Ruêh di it beweg,
schlâf no sanft, o Jesule!
Du bisch no zuê schwach an Kräftê,
dass mê di ans Kreiz könnt heftê,
deine Händlê sind zu zart
und diê Negel viel zu hart.

Schlâf, mein Jesus, bleib no liegê,
schlâf auf deinem hartê Hai,
aber wenn i lieg in letschte Zügê,
denn wach du und schtand mir bei,
dass i selig ka eischlâfê,
au zum Sieg nêmmê diê Waffê,
schtreitê gegê Höllêfeind,
weil diê gar so viele seind.

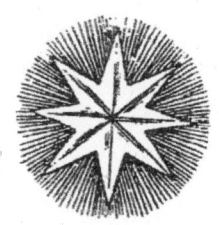

Die Christmette

Auf Weihnachten bereitete man sich in früheren Jahrhunderten – wie schon gesagt – durch die Adventszeit und das Fasten vor. An kulinarische Genüsse oder üppige Gabentische wurde da kein Gedanke verschwendet. Nach solcher geistigen Einstimmung ging man um Mitternacht in die Christmette bzw. in den Weihnachtsgottesdienst. Im 19. Jahrhundert und bis ins 20. Jahrhundert herein wurden sogar drei Ämter zelebriert: das erste Amt um Mitternacht, das sogenannte Engelamt, als Erinnerung an die Verkündigung der Engel; das zweite Amt, das Hirtenamt, bei Morgengrauen und das dritte Amt, das Hochamt, am Morgen des ersten Weihnachtstages. Noch um die Mitte des 20. Jahrhunderts wurde während der Kommunionausteilung des Engelamtes durch assistierende Patres das Hirtenamt als „stille Messe" zelebriert.

Vanilleringe

Zutaten:

250 g	Butter
250 g	Zucker
2	Eier oder
4	Eigelb
2 Päckchen	Vanillinzucker
500 g	Mehl

Zubereitung:

Die Butter so lange schaumig rühren, bis sie weich, glatt und rahmig wird. Dann Zucker, Eier, den Vanillinzucker und das Mehl hineingeben. Den Teig kurz durchkneten und eine Zeit lang ruhen lassen. Durch eine Backspritze mit Sterneinsatz drücken und die Streifen in fingerlange Stücke schneiden. Ringe oder Stangen formen und vorsichtig auf ein gefettetes Blech legen. Backdauer 8 bis 12 Minuten bei 200°C.

Zimtsterne

Zutaten:

7–8	Eiweiß
625 g	Puderzucker
1	Zitrone
15–20 g	Zimt
500 g	ungeschälte, geriebene Mandeln

Zum Auswellen:
Sandzucker
Backwachs

Zubereitung:

Das Eiweiß zu steifem Schnee schlagen, mit dem Puderzucker, Saft und Schale der Zitrone so dick rühren, dass die Masse nicht mehr vom Löffel läuft. Davon eine große Tasse voll zum Guss beiseite stellen. Unter die übrige Schaummasse den Zimt und die Mandeln mischen, dann kleine Portionen auf Zucker fingerdick auswellen (dabei das Kleben der Teigmasse auf dem Backbrett durch Hin- und Herschieben verhindern). Dann Sterne ausstechen, auf ein gefettetes oder mit Wachs bestrichenes Backblech setzen, ein wenig trocknen lassen, mit dem zurückbehaltenen Guss überziehen und bei schwacher Hitze so lange backen, bis der Guss hellgelb ist.

Weihnachtskrippen

Die Krippe, heute nicht mehr wegzudenken aus dem weihnachtlichen Brauchtum, geht auf den Hl. Franz von Assisi zurück, der im Jahre 1223 das Geschehen in Bethlehem in einer Höhle nachspielen ließ. Von dort aus kam der Krippenbrauch über die Alpen nach Süddeutschland, zunächst seit dem 16. Jahrhundert in die Klöster und seit dem 17. Jahrhundert in die Kirchen der Städte und Dörfer. Im Allgäudorf Ratzenried ist schon 1695 eine solche Krippe erwähnt.

Besonders in der Barockzeit erhielten die Krippen einen großen Aufschwung. Maßgeblich daran waren die Jesuiten beteiligt, die im barocken Kirchenbau neue Maßstäbe der Prachtentfaltung entwickelten und dem Volk durch religiöses Theater eine sinnfällige Darstellung biblischer Szenen und vieler Kirchenfeste vermittelten. So wurden in vielen Kirchen prächtige Krippen aufgestellt. Besondere Vorbildfunktion für das Allgäu hatten dabei sicherlich die Jesuitenkollegien in Konstanz und Mindelheim.

Die Landschaft der Krippe war aus mit Leim gestärktem Leinen hergestellt, das mit feinem buntem Glasflimmer überzogen war und in allen Farben funkelte. Der Ort der Geburt wurde als Stall, als Felsenhöhle oder als Hausruine gestaltet. Die geschnitzten Figuren erhielten teilweise Perücken und bunte Kleider aus Stoff, oft von Nonnen mit Paramentenstickerei verziert.

Von besonderem Reiz sind Krippenfiguren – meist die Hirten –, die deutlich lokale Einflüsse widerspiegeln, etwa durch bestimmte Trachten, Handwerksgeräte oder Instrumente. Neben den bunten Figuren trat in den Krippen auch eine Vielzahl von Tieren auf: nicht nur Schafe und Rinder, sondern auch Löwen, Kamele und Elefanten. Berühmte Barockkrippen im südlichen Oberschwaben bzw. Allgäu sind noch in Gutenzell, Ravensburg, Legau (vermutlich aus dem Kloster Rot stammend), Ottobeuren und Bonlanden erhalten.

Oft wurde nicht nur die Geburt des Christkinds im Stall von Bethlehem dargestellt, sondern das ganze biblische Umfeld. In solchen

sogenannten Simultankrippen traten Adam und Eva als Verursacher der Erbsünde auf, und von hier aus gab es dann etliche biblische Szenen des Alten Testaments, die nach christlicher Auslegung auf die Erlösung von dieser Erbsünde durch die Geburt des Erlösers hindeuten. Natürlich durften da auch Mariä Verkündigung und Mariä Heimsuchung nicht fehlen, ebensowenig die Szenen, die auf das Geschehen von Bethlehem folgen: der Kindermord, die Hl. Drei Könige, Beschneidung, Aufopferung im Tempel, der zwölfjährige Jesus im Tempel, die Samariterin am Jakobsbrunnen. Die Figuren im hinteren Bereich der Krippe waren kleiner, um zusätzlich eine Perspektive vorzutäuschen. Manche der alten Wangener Weihnachtslieder spiegeln diesen Zusammenhang von Geburt und Leiden Christi noch wider (s. das Lied „Schtill o Erde", S. 109).

Bei sogenannten Jahreskrippen konnte man – je nach Jahreszeit – die Figuren austauschen und zusätzlich die Taufe am Jordan, das Wunder von Kanaa, Ölberg-, Kreuzweg- und Auferstehungsszenen zeigen.

Seit dem 18. Jahrhundert findet man Krippen auch in den Allgäuer Bauernhäusern, wie manche alten Inventuren aus der Zeit

um 1800 zeigen, die man bei der Erbauftteilung herstellte. Hier wurde der barocke Aufwand in die Bauernstube verlagert.

Am weitesten verbreitet war in den Allgäuer Häusern der Typ des Krippenberges. Auf einer rechteckigen oder für den Herrgottswinkel dreieckigen Fläche, oft seitlich und oben durch Holzwände und vorn durch eine Glasplatte abgeschlossen, baut sich von vorn nach hinten ein Gebirge auf, das Relief aus versteiftem Stoff und mit glitzernden Christbaumkugel- oder Glasscherben- bzw. mit Quarzstückchen überzogen. Im Hintergrund, am oberen Rand des Gebirges, schließt eine gemalte Kulisse ab. In einer Höhle des Gebirges oder in einer einfachen Hütte befindet sich die Hl. Familie. Aus anderen Höhlen lugen Löwen oder Bären hervor. Das ganze Gebirge ist übersät mit Schafen, Hirten, Steinböcken, Gemsen, Vögeln, und auch Elefanten und Kamele dürfen nicht fehlen. Zusätzliche Effekte ergeben eingebaute Spiegel. Oft schwimmen auf spiegelnder Fläche in einer versteckten Höhle einige Schwäne. Ganz oben am Himmel schweben, an Drähten befestigt, die Engel. Das Material der Figuren ist Holz, Ton oder Wachs. Relief, Kulissen und Figuren ergeben eine bunte Mischung aus alpenländischen, südländischen und morgenländischen Motiven.

Im bayerischen Allgäu, wo der Einfluss Bayerns noch stärker ist als im württembergischen Allgäu, bekommen die Krippen oft einen betont alpenländischen Einschlag. Edwin Wölfle schrieb dazu: „Mê muêss dâ aber ufbassê, dass es it kitschig wird. Isre boirische Nâchbr mached jâ ên Hufê ganz ordêlê, aber beim Gribbele-Baschdlê ibertriebed ses doch êweng. Muined diê doch, dass s'Jesuskindle immê Tegernseer Landhus uf d'Welt kummê isch. Ihre Gribbele sähed uf jedê Fall so us. Des ka aber it si, sunsch mießded mir an Wihnächtê ‚Holladrio' singê und it ‚Halleluija'."

Natürlich fand man in Allgäuer Bauernhäusern auch Simultankrippen, die oft einen bedeutenden Teil der Stube einnahmen.

Bei dieser üppigen Krippendarstellung – besonders in den Kirchen – verwundert es nicht, dass in den Zeiten der Aufklärung, als um 1800 viel kirchliches Brauchtum wegen angeblich allzu großer Sinnlichkeit ausgerottet wurde, auch die Weihnachtskrippen in Verruf kamen. 1782 verbot Kaiser Joseph II. die Krippen in allen Kirchen der österreichischen Lande, und 1804 hieß es in einem kurpfalzbairischen Dekret, dass die Krippen „Gebräuche (seien), welche der Würde unserer Hl. Religion und dem Geiste

ihrer erhabenen Wahrheiten nicht entsprechen (...) und den Feinden der Wahrheit neuen Stoff zu spotten und zu lästern" gäben. „Diese unanständigen Schauspiele, welche ihren Ursprung weder in dem Ritus der römischen Liturgie noch in irgend einem allgemeinen Kirchengesetze finden, unterbrechen vielmehr (...) die stille Andacht (...) und entweihen das Haus Gottes. Diese geistlose und zweckwidrige Ceremonien werden daher nachdrücklich verboten."

Auch die Bischöfe selbst stimmten in die Kritik ein. 1826 erging im Dekanat Wangen ein bischöfliches Verbot, „sogenannte Weihnachtskrippen zu errichten, welche an Sonn- und Festtagen zum häufigen Auslaufen besonders der Jugend in fremde Pfarreien und folglich zum Versäumnis des Gottesdienstes Veranlassung geben und auch in selben oft unwürdigen Vorstellungen der Hl. Geschichte der Geburt verstoßen (...) durch theatralische

Gebirge, buntscheckige Figuren und allerlei Tiere." Auf diese Weise verschwanden viele wertvolle Barockkrippen aus den Kirchen und sicherlich auch aus manchen Privathäusern.

Am Ende des 19. Jahrhunderts erhielt die Krippentradition durch den Einfluss der Nazarener einen neuen Aufschwung. Jetzt waren die Figuren meist aus Pappmaché oder Gips. Jede Familie setzte ihren ganzen Stolz darein, mit Moos, Efeu, Wurzeln und Tannenzweigen eine besonders schöne Dekoration herzustellen, oft jedes Jahr mit neuen Varianten.

Bis heute ist im Allgäu die Tradition lebendig, dass man in der Weihnachtszeit zu Bekannten und Verwandten geht zum „Krippe-Aluêgê". Gleichzeitig wird auch der „Christbaum gelobt".

's Krippele
Fridolin Holzer

Underliats i Nanas Schtible,
Sind dös schäne Zita gsi
Bi deam bravê oltê Wible.
Jeds hât wöllê um se si.

Allad hôt se guête Bröcklê
Vu z'Mittag im Röhrle köt
Und a Marêneascht mit Öpfel
Underm Healbêsack im Bett.

„Büeble", söit se, „lass D'rs schmeckê,
Büeble iss und bis geann dâ,
Luê, i gunn D'rs jâ vu Hearzê,
Was i alls zum Montsche hô."

Uff'm Hôhr a schpitzegs Käpple,
Iberm Lib a wulles Tuê',
Deaweag kan i d'Nana denkê
Schu as gônz a kleiner Buê.

Hât as dussa gschnöit und gschturmed,
Kumm i reat vrfrorê ri,
Bin i näh zur Nanê gschloffê:
„Nana, Nana, mascht Du mi?"

Uff am Nussbômmkaschtê domma
Schtôht a Uhr sit oltar Zit,
Mit 'm Berbandickel nicked
Halb im Schlâf mi Nana mit.

Doch dös schänscht in Nanas Schtible
Ischt a Krippele im Egg
Mit am Kindle i dr Wiagê
Und am Oechsle im Vrschteck.

Hiörte knoued voer deam Wunder
Uff'm Mias und beated's a,
Josef und Maria luêged
Gar so liab uffs Kindle ra.

Rote Kiörzlê wearfed huile
Ihren Schi uff's hoileg Baar
Und vum Himel i dr Krippe
Glitzged Schteannlê heall und klar.

D'Nanê nimmt mi bi dê Händlê
Und se foltets innanând,
Und mir ischt, ob goldne Engel
Uff am Flumm durr d'Schtube gônd.

Langs Zit knou i mit dê Hiörtê
Voer dear Krippe mit 'm Kind,
Bis dia rote Kiörzeliatlê
Langsam am Vrlöschê sind.

A dia Zita muêss i denkê
Im Abvent bim Lampêschi,
Und i find, am schöndschtê ischt as
Doch i Nanês Schtible gsi.

KRIPPENSPIELE

Da und dort wurde beim Mitternachtsgottesdienst vor oder nach der Opferung ein Krippenspiel dargeboten, in dem das Geschehen der Hl. Nacht nachgespielt wurde. Als Kulisse diente die aufgestellte Krippe. Das ehemalige Zisterzienserinnenkloster in Gutenzell bietet dafür ein besonders schönes Beispiel: Von hier stammt nicht nur eine prächtige Barock-Krippe, hier sind auch zwei kleine Krippenspiele aus dem 18. Jahrhundert erhalten. Damit ist besonders schön der Zusammenhang von Weihnachtskrippe und Krippenspiel gegeben.

Die beiden Teile der Kantate wurden in der Mitternachtsmesse während der Opferung und nach der Hl. Wandlung gesungen und tragen den weitschweifig-barocken Titel: „Die wegen der von dem Engel verkündeten gnaden-, trost- und freudenreichen Geburt des allgemeinen Welt-Haylandes Christi Jesu frohlockenden und fröhlich singenden Hirthen, das ist: einfältig, doch andächtig und anmuthiges Weih-Nacht-Gesang bey dem Hoch-Ambt in der Heiligen Nacht zu produziren (...)". Das erste Stück stellt die Verkündigung des Engels an die Hirten dar, das zweite die Hirten im Stall in einem Dialog mit dem Hl. Josef.

Verkündigung an die Hirten

(Engel:) „Wohlan, wacht auf ihr Hirten all,
verlasset eure Herd',
kommt eilends, lauft mit mir in Stall,
es ist der Müh wohl wert!
Da werd't ihr sehen Wunderding,
hört doch, was große Freud ich bring!
Wacht auf, wacht auf, wacht auf!"

(Hirt:) „Was ist, was gibt's? Laßt uns in Ruêh!
Was ist das für ein Glanz?
Wir haben ja nicht g'schlafen g'nuê,
die Nacht ist noch nicht ganz!
Als wenn der helle Tag schon wär,
so kommt grad jetzt ein Licht daher!
Was ist's? Was gilt's? Was wollt's?"

(Engel:) „Hört, ich will euch ankünden hier
ein ung'mein große Freud!"
Hirt: „Ich wollt es wohl erraten schier:
Ist's eine große Weid?"
Engel: „Nein, nein, es liegt ein Kindelein
gewickelt in den Windelein
zu Bethlehem im Stall."

(Hirt:) „Ei, was! Ein Kindlein in dem Stall!
Steht's auf, ihr Brüder, gschwind!
Wir wollen eilends laufen all,
zu sehen dieses Kind!
Laßt eure Hütten und Betten sein,
wir wollen zum Stall, zum Kindelein!
Steht's auf, steht's auf, steht's auf!"

„Mutter mit dem Kind und Hirten bei Nacht", Ludwig Richter.

(Engel:) „Seht zwischen Ochs und Eselein
den wahren Gottessohn!
Dort liegt er in dem Krippelein,
dies ist sein Bett und Thron!
Er will euer Erlöser sein,
von aller Sünd euch machen rein!
O Freud, o Freud, o Freud!"

(Hirt:) „Ein Kind, ein Gott, ein Mensch zugleich
ist wohl ein Wunder-Sach!
Kommt, Brüder, nehmt die Pfeifen mit euch
und geht mir alle nach!
Wir wollen es suchen, beschenken, erfreun,
anbeten als uns'ren Gott und Herrn!
Geht's hurtig, lauft's alle mit mir!"

(Chor der Hirten:) „Ja, ja, wir wollen laufen mit dir,
weil bist ein so guter Bot!
Was große Freud verkündest uns hier,
geboren sei unser Gott!
Wir wollen uns nicht lang verweil'n,
nach Bethlehem zum Kindlein eil'n,
nur g'schwind, nur g'schwind, nur g'schwind!"

Der Text scheint volkstümlich zu sein, denn er ist auch in einer bäuerlichen Handschrift überliefert. Die Melodie stammt von dem gebürtigen Wurzacher Mönch F.X. Schnizer (1740–1785) aus Ottobeuren und wurde für das Gutenzeller Zisterzienserinnen-Kloster komponiert. Schnizer war einer der bedeutendsten Klosterkomponisten Oberschwabens. Man beachte die Mundartstellen, die lokale Einflüsse deutlich machen. In der dritten Strophe kommt ganz die „profitliche" Eigenart der Schwaben und Allgäuer zum Ausdruck, wo der Hirt unter „ung'mein große Freud" zunächst nicht die Ankunft Christi, sondern eine große Weide für sein Vieh versteht.

Wie bei den Krippen, so machten sich auch bei den barocken Krippenspielen, angeregt durch das Milieu von Stall und Hirten, lokale volkstümliche Elemente bemerkbar, etwa in mundartlichen Wendungen und Redensarten. Vorbildfunktion in der Mundartdichtung hatte im südlichen Oberschwaben der Marchtaler Mönch P. Sebastian Sailer, der besonders durch seine „Schwäbische Schöpfung" bekannt wurde. Mundartliche Wendungen kommen nicht nur in der Krippenkantate von Schnizer zur Geltung, sondern auch in verschiedenen Weihnachtsliedern.

Ebenfalls von P. Schnizer stammt die Kantate „Juga et plana" für Chor und Orchester, die er für die Hl. Nacht in seinem Heimatkloster Ottobeuren komponierte. Reizvoll ist die Verwendung eines „Piffels", eines kurzen Alphorns, was beweist, dass auch im Allgäu das Alphorn zu Hause war. So konnte der Alphornklang in besonderer Weise die spezielle allgäuerische Hirten-Atmosphäre der Hl. Nacht darstellen. Interessant ist auch der Text der Kantate, der zeigt, wie selbst im Weihnachtsgottesdienst Christliches und Heidnisches vermischt wurde: „Ihr Berge und Ebenen, besinget den Pan, ihr geschwätzigen Wälder widerhallet den Ruf: der goldene, einzige Sohn des Höchsten ist geboren."

Besonders beliebt waren auch sogenannte Pastorellen (von Pastor = Hirte), Instrumentalstücke, die Hirtenmusik zu imitieren versuchten. Wichtige Elemente dieser Pastorellen sind die Verwendung von Dudelsack- oder Drehleierklängen, von Naturtonmelodien, wie sie für das Alphorn typisch sind, und von wiegenden 6/8-Takten.

Seit Josef Mohr als Textdichter und Franz Gruber als Komponist im Jahre 1818 das Lied „Stille Nacht" geschaffen hatten und sich dieses Lied schnell ausbreitete, gehörte es schon um 1850 zum Repertoire der Wangener Weihnachtssänger. Während heute meist nur drei Strophen gesungen werden, sind in der Wangener Handschrift alle sechs Strophen überliefert. Dieses Lied gehört seither zum festen Bestandteil des Mitternachtsgottesdienstes.

Nach dem Mitternachtsgottesdienst ging man nach Hause, stellte den Christbaum und die Krippe auf und traf sich zum gemeinsamen Essen.

Stille Nacht
JOSEF MOHR UND FRANZ GRUBER

*Stille Nacht, heilige Nacht,
alles schläft, einsam wacht
nur das traute, hochheilige Paar,
holder Knabe im lockigen Haar,
/:schlaf in himmlischer Ruh.:/*

*Stille Nacht, heilige Nacht!
Gottes Sohn, o wie lacht
Lieb aus deinem göttlichen Mund,
da uns schlägt die rettende Stund,
/:Jesus, in deiner Geburt!:/*

*Stille Nacht, heilige Nacht,
die der Welt Heil gebracht,
aus des Himmels goldenen Höhn
uns der Gnaden Fülle lässt sehn:
/:Jesum in Menschengestalt.:/*

*Stille Nacht, heilige Nacht,
wo sich heut alle Macht
väterlicher Liebe ergoß,
und als Brüder huldvoll umschloß
/:Jesus die Völker der Welt!:/*

Stille Nacht, heilige Nacht!
Lange schon uns bedacht,
als der Herr von Zorn befreit
in der Väter urgrauen Zeit
/:aller Welt Schonung verhieß!:/

Stille Nacht, heilige Nacht!
Hirten erst kundgemacht!
Durch der Engel Halleluja
tönt es laut von ferne und nah:
/:Jesus, der Retter ist da!:/

„Die Familie beim Christbaum", Ludwig Richter.

Das Kindleinwiegen

Schon seit dem Mittelalter mit seinen mystischen Versenkungen in Glaubensinhalte gibt es den Brauch der „Christusminne", besonders in Frauenklöstern. Dort gab es Jesuskindlein, auch „Trösterlein", „Bornkinder" oder „Fatschenkinder" genannt, die eine kindlich fromme Verehrung des Jesuskindes ermöglichten. Die „Fatschenkinder" wurden gar – wie richtige Säuglinge – in Windeln gewickelt (daher der Name: vom lat. fascere = binden).

Im Zusammenhang mit diesen Jesuskindlein gab es auch den Brauch des Kindleinwiegens. In der Hl. Nacht wurde ein hölzernes oder wächsernes Jesuskind in eine Wiege gelegt und unter Singen von Wiegenliedern gewiegt. Diese Tradition der Herstellung und des weihnachtlichen Wiegens von Jesuskindern wurde besonders in den Nonnenklöstern gepflegt – nachweislich im Kloster Gutenzell –, später aber auch in den Stadt- und Dorfkirchen. Eines der bekanntesten Wiegenlieder

ist das „Josef, lieber Josef mein", das in Konstanz schon im 14. Jahrhundert gesungen wurde.

Eine köstliche Karrikatur dieses Kindleinwiegens durch die Nonnen bietet uns eine Strophe aus der Ostracher Liederhandschrift, die um 1740 vermutlich von dem Salemer Mönch Theobald Vogler aufgezeichnet wurde. Hier heißt es in der neunten Strophe:

> *Die Nonn hât Tag und Nacht koi Ruêh,*
> *lauft oft in d'Kammer nauf,*
> *verküßt dort ihren Jesus-Buê,*
> *bis d'Bäcklê schwellet auf.*
> *Sie stickt und kochet nett,*
> *backt Leckerle von Gwürz,*
> *ma find't all Tag bei ihr im Bett*
> *ê Dutzet Nonnêfürz.*

Die Aufklärung hat auch mit diesen Bräuchen gründlich aufgeräumt: 1774 wurde in der Diözese Augsburg der Brauch des Kindwiegens unter Androhung „unausbleiblicher Bestrafung für alle Zeiten verboten". Die Säkularisation bedeutete dann das endgültige Aus für diesen Brauch: Die Klöster wurden aufgehoben und die Fatschenkinder verkauft oder weggeworfen. Ein trauriges Beispiel dafür bietet das Zisterzienserinnen-Kloster Gutenzell.

Das gemeinsame Mahl in der Hl. Nacht im 19. und frühen 20. Jahrhundert

Erst nach der mitternächtlichen Messe wurde im Kreis der Familie gefeiert. Zu jedem großen Fest gehört seit undenklichen Zeiten und in allen Kulturen ein gemeinsames Mahl. Da die Römer am 25. Dezember ihr großes Fest des „Sol invictus" feierten, hielten sie logischerweise an diesem Tag ein großes Festmahl. Weniger üppig ging es da bei den Allgäuer Familien zu: Nach uraltem Brauch aß die Familie nach der Mette gemeinsam aus einer großen Schüssel eine Suppe oder „Mill mit Brocke".

Die Bescherung am Hl. Abend war im Allgäu früher – wie schon gesagt – unüblich. Die Kinder hatten ihre Geschenke ja schon am Nikolaustag erhalten. Außerdem trug der Hl. Abend mit seinem Vigil-Fasten einen eher besinnlichen Charakter. Wie an allen großen Kirchenfesten wurde ab dem Vorabend – als asketische Vorbereitung auf das Fest – gefastet. Hier zeigt sich, wie wenig die heute üblichen Schlemmereien am Hl. Abend zu dieser christlichen Tradition passen. Die Kinder, die ihre Geschenke schon am Nikolaustag erhalten hatten, bekamen am Hl. Abend höchstens noch einen großen Weißbrotzopf vom „Gedde" und von der „Godde" – und dies jedes Jahr, meist noch bis zur Hochzeit.

Singete für die Knechte und Mägde

Die Knechte und Mägde erhielten meistens als Geschenk eine Singete. Im Schloss Zeil hatte der Hofbäcker im 18. Jahrhundert den Auftrag, für Weihnachten die „Biernezelten oder Singeten" zu backen. Dazu nahm er weißes Mehl, gedörrte oder gekochte Birnen, Nüsse, Fenchel, Koriander und Anis, manchmal zusätzlich auch Mandeln, Rosinen, gestoßene Gewürznelken und Kirschwasser. Ein Zeiler Bierenzelten wog vier Pfund. „Diese Singeten werden gegeben allen Officiers, Laggeyen, Köchinnen und sonsten allen Menschen im Schloss, auch allen Bauhofleuten in den umliegenden Kameralhöfen."

Buttergebäck
(historisches Rezept)

Zutaten:

200 g	Butter
275 g	Mehl
125 g	Puderzucker
3	Eigelb
2	Päckchen Vanillinzucker

Zum Bestreichen:

1	Eigelb
1	EL Kondensmilch
	Hagelzucker

Zubereitung:
Die Butter wird schaumig gerührt. Puderzucker, Vanillinzucker und Eigelb unterrühren, das Mehl unterkneten und den Teig etwa eine Stunde kalt stellen. Danach auswellen und mit Förmchen Plätzchen ausstechen oder S-Formen bilden. Nun Eigelb mit Kondensmilch verrühren, die Plätzchen damit bestreichen und den Hagelzucker darüber streuen. Bei 175°C ca. 25 Minuten backen.

Allgäuer Quark-Christstollen

Zutaten:

375 g	Mehl	2	Eier
125 g	Haferflocken	250 g	Quark
1 Pck.	Backpulver	175 g	Butter
175 g	Zucker	125 g	Korinthen
1 Pck.	Vanillinzucker	250 g	Rosinen
	Salz	150 g	gemahlene Mandeln
5 Tropfen	Bittermandelöl	100 g	Sukkade
1 Msp.	Kardamon		Zitronat
1 Msp.	Muskatblüte		Butter
3 EL	Rum		Puderzucker

Zubereitung:
Mehl, Haferflocken, Backpulver, Vanillinzucker, Salz, Bittermandelöl, Kardamon und Muskatblüte gut miteinander vermischen und in der Mitte eine Vertiefung bilden. Nun Rum, Eier und Quark zu einem dicken Brei verarbeiten, darauf die in Stücke geschnittene Butter geben. Diese Zutaten mit der vorher genannten Mischung von der Mitte aus schnell zu einem Teig verkneten. Sollte er kleben, noch etwas Mehl beigeben. Nun die Korinthen, Rosinen, Mandeln, Sukkade und Zitronat rasch unterarbeiten, den Teig zu einem Stollen formen und auf ein mit Backpapier belegtes Blech legen. In den auf 250°C vorgeheizten Ofen schieben und bei 160–180°C ca. 50 bis 60 Minuten backen. Danach mit der weichen Butter bestreichen, mit Puderzucker bestäuben und zum Auskühlen auf ein Gitter legen.

Der Ablauf der Hl. Nacht
in der zweiten Hälfte des 20. Jahrhunderts

Der oben beschriebene Ablauf des 24.12. wurde im Laufe der ersten Hälfte des 20. Jahrhunderts langsam verändert. Da nun nicht mehr der Nikolaus, sondern das Christkind die Geschenke brachte, wurde der Nachmittag bzw. Abend anders gestaltet und die Bescherung der Kinder eingeführt.

Die Bescherung in der Hl. Nacht geht zurück auf Martin Luther, der die bis dahin allgemein übliche Nikolausbescherung verbot. Im Allgäu dauerte es freilich noch bis zur ersten Hälfte des 20. Jahrhunderts, bis die Weihnachtsbescherung sich durchgestezt hatte. Erst seit dieser Zeit ist der Heilige Abend für die Kinder der Höhepunkt des Jahres, auf den man wochenlang wartet.

Da im Allgäu die Weihnachtsbescherung der Ersatz für die Nikolausbescherung ist, gab es anfangs auch eine Art „Vorbescherung" wie vor dem Nikolaustag: In den zwei Wochen vor Weihnachten konnte sich das Christkind schon „anmelden", indem es in die bereitgestellten Teller Gebäck oder Nüsse „einlegte".

Erst am Abend wurde der Christbaum – noch unbemerkt von den Kindern – ins Wohnzimmer gebracht, und erst bei der Bescherung sahen die Kinder den Baum zum ersten Mal. Christbäume in der Adventszeit aufzustellen – wie es heute der Brauch ist – wäre früher undenkbar gewesen.

Nach Einbruch der Dunkelheit warteten die Kinder sehnsüchtig auf das Glöcklein, das anzeigte, dass das Christkind gekommen war. Dies war das Signal, dass die Kinder voller Freude in die Stube rannten. Dort stand der schön geschmückte und von Kerzen beleuchtete Christbaum, der im Zimmer einen wundersamen

Glanz verbreitete und unter dem die Geschenke lagen. Die Aufregung der Kinder wurde noch etwas gedämpft, denn der Familienvater las zuerst die Weihnachtsgeschichte vor; dann sang die Familie die alten Weihnachtslieder. Erst jetzt war es soweit: Die Kinder durften ihre Geschenke auspacken und freuten sich – wie auch heute noch – an Spielsachen und allerhand Nützlichem zum Anziehen. Nebenher durfte man – nach der langen Fastenzeit

„Das Christkindchen", Ludwig Richter.

– endlich vom leckeren Weihnachtsgebäck naschen, das vorher irgendwo im Haus versteckt war.

Wenn die Kinder älter waren, durften sie am Nachmittag beim Aufstellen des Christbaums und der Krippe helfen. So erinnerte sich Edwin Wölfle an seine Kindheit: „Won i no ên Buê gsi bi, so nâch em Griêg, hât me Wihnächtê ganz uifach, aber scho innig gfeiret. Mê hât en schenê Dannêbâmm ufgschtellt, denn hât mê no ê baar Kugle na ghengt und fettig ischer gsi. S'Gribbele hât dirfê min Bruêder vu dê Bihne rabhollê. Zämmed hâmmer schdundêlang mit Waggs diê abbrochene Buiner vum Oggs und Esel nabäbbed. Griet hônd mir sellmâl it viel. Aber schä isch es wellêwäêg gsi."

CHRISTKIND ODER WEIHNACHTSMANN?

Was beim Nikolausbrauchtum gesagt wurde, gilt auch hier: So wie der zipfelmützige Santa Claus da und dort den Nikolaus verdrängt, verschmelzen mancherorts Santa Claus und Weihnachtsmann zu einem diffusen Mischmasch und verdrängen gar das Christkind.

Der Wangener Mundartautor Edwin Wölfle schrieb dazu:

„Doilwis isch es scho ê Elend, wiê diê große Koufhiser und d'Werbung iser schäs ditsches (deutsches) Wihnächtê und dê Klâsêdag hi mached. Manchmâl kennt mê grad muinê, mê wär z'Amerika. Iberal ka mê ,Weihnachtsmänner' säêh mittrê rotê Zipfelkabbê. Mê hât mer jâ vrzellt, dass mê im nördlichê Flachland so Kerlê kummê lât, dass se dê Kind êbbes schenked. Des kenned diê det dobê riêbig (ruhig) machê. Diê kenned vu mir us ou dê Klabauterma oder dê Bullêma kumme lông. Mir isch aber iser Chrischtkindle zehmâl lieber. Des basst zur Wihnächtsgschicht doch viel besser. I gloub, dass die Kischdêbewohner

(Küstenbewohner) ihren Fehler ou scho igsäeh hând, drum saget se jâ ou zuê uim, wo sich dobbig a'schtellt: ‚Sie Weihnachtsmann!'

Ui Vorschdellung blôged mi ganz firchtig: Dass ammê schenê Dag ên Klâs kunnt mitre Zipfelkabbê und Bischofsschtab, näêbê sich dê Pumuckl und Micky Maus, dass diê Kerle denn ê baar Schnadahüpfl singed und mit Hellau-Gschroi wieder gônd. Wenn's mâl sowit isch, gôht's numm lang, bis d'Welt untergôht."

Magische Vorstellungen in der Hl. Nacht

In der Hl. Nacht vermischten sich im Allgäu religiöse mit allerlei abergläubischen Vorstellungen, die darauf hindeuten, dass die Hl. Nacht eben auf einen ursprünglich nicht christlichen und eher magisch bedeutsamen Tag gelegt worden war. Manche Allgäuer Bauern legten in der Hl. Nacht einen Wisch Heu aus „neunerlei Kräutern" (man beachte die magische Zahl neun) vor den Hof ins Freie, angeblich für den Esel der vorbeiziehenden Hl. Familie. Das Heu wurde am nächsten Tag dem Vieh als Mittel gegen Blähungen verfüttert.

Außerdem hieß es im Allgäu, man höre in dieser Nacht das Vieh im Stall reden und „zwischen elf und zwölf Uhr habe der Teufel freien Lauf und biete alle seine Gewalt auf, um Seelen zu gewinnen". Noch unheimlicher mutet folgendes „Rezept" an: „Wenn man aus neunerlei Holz ein Stühlchen macht und kniet sich während des mitternächtlichen Gottesdienstes in der Kirche darauf, so kann man bei der Wandlung alle Hexen des Ortes sehen und erkennen; denn man erblickt sie dann alle verkehrt in den Bänken knieend." Dieses Verfahren war nicht ungefährlich, denn man musste das Stühlchen sofort nach der Wandlung nach Hause nehmen und noch vor der Hl. Kommunion ins Feuer werfen, denn sonst lief man Gefahr, dass einen die Hexen überfallen und zu Tode quälen.

Ein anderes Verfahren, Hexen zu erkennen, war, dass man sich in der Hl. Nacht in die Futterkrippe einer Kuh legen musste.

Manche stellten sich um Mitternacht auf eine Kreuzung, um den „Faresamen" zu gewinnen; dadurch könne man alles leicht erlernen, alles gelinge und das Glück stelle sich ein. Dazu gehörte aber viel Mut, denn da begegnete man angeblich allerlei Unheimlichem und Übernatürlichem. Auch durfte man kein Wort reden und musste gewärtig sein, dass einem Hexen, Teufel, Geißböcke oder arme Seelen erschienen, um einen zu erschrecken und zum Reden zu bringen. Einmal passierte Folgendes: Ein Mann stand auf einer Kreuzung und sah einen Geißbock vorbeihüpfen. Nach einiger Zeit kam eine alte Geiß, die auf drei Füßen humpelte und fragte den Mann, ob sie den Bock noch einholen könne. Da ließ sich der Mann zur Äußerung hinreißen: „Du alt's Luder, du krumms! Der Bock isch scho z'weit!" Und wie er dies sagte, war der Zauber vorbei, und auch mit dem Faresamen war es diesmal aus (Reiser S. 19).

Wenn man sich um Mitternacht auf eine Kreuzung stellte und um sich einen großen Kreis zog, konnte man angeblich Geld herbeibeschwören.

Auch gab es den Brauch, dass ein Mädchen, das heiratslustig war, in der Hl. Nacht während der Messe zu Hause den Tisch für zwei Personen deckte – für sich und den Zukünftigen. Dieser sollte dann tatsächlich zum gemeinsamen Mahl erscheinen.

Warf man in der Christnacht ein Stück Brot in den Garten, glaubte man, dass im nächsten Jahr das Kraut gut wächst.

Wenn man in der Hl. Nacht um 24 Uhr aus den Brettern eines Leichensarges einen Ast herausschnitt und daraus einen Würfel machte, konnte man angeblich mit diesem immer gewinnen. Mit einer Haselnuss-Staude, die man in der Hl. Nacht schnitt und als Wünschelrute verwendete, konnte man – so glaubte man – verborgene Quellen finden.

Die Rauchnächte

Mit der Hl. Nacht begannen die sogenannten zwölf Rauchnächte, auch Rauhnächte genannt. Sie dauerten bis zum 6. Januar. Nach alter Vorstellung gab jeder dieser zwölf Tage über das Wetter der zwölf Monate Auskunft. Die Vorstellung von solchen sogenannten Lostagen ist uralt. In einer Zeit, als es noch keinen Wetterdienst gab, beachteten unsere Vorfahren genau die Lostage, von denen aus das Wetter für bestimmte Zeitabschnitte vorhergesagt werden konnte. Schon bei den Kelten waren solche Lostage bekannt. Die frühchristlichen Synoden kritisierten dies denn auch als heidnische Sitte.

Im Westallgäu waren die Lostage zwischen Weihnachten und Dreikönig für die Wettervorhersage von großer Bedeutung, handelt es sich hier ja eigentlich um die magischen Rauchnächte, die später zu den „geweihten Nächten", eben zu „Wihnächten" umgedeutet wurden. Im Westallgäu schrieb man sich das Wetter mit Kreide an den Türpfosten, indem man Kreise als Symbole verwendete: Ein weißer Kreis bedeutete gutes Wetter, ein schwarzer Kreis schlechtes und durch die Vierteilung des Kreises konnte man sogar die einzelnen Tages-Viertel nach ihrem Wetter festhalten. War also z. B. am 27. Dezember in der zweiten Tageshälfte schlechtes Wetter, wies dies auf die zweite Monatshälfte des März hin. „Dâ ka ma drauf gông", hieß es da.

Ein anderes Verfahren, das in Ratzenried bekannt war, bestand darin, dass man eine Zwiebel in zwei Teile schnitt und dann von jeder Hälfte – von innen anfangend – je sechs Schalen sorfältig ablöste und sie der Reihe nach in zwölf Tassen aufstellte. Anschließend wurden die Schalen mit Salz – womöglich mit Dreikönigssalz – bestreut. Je nachdem, ob viel oder wenig Salz zergangen war, bedeutete dies nasses oder trockenes Wetter in dem der einzelnen Tasse zugeordneten Monat.

Nicht nur das Wetter wurde in der Hl. Nacht vorhergesagt. In der Tettnanger Gegend ließ man um Mitternacht Eier auslaufen.

Ergaben sich Formen von Kügelchen, deutete dies auf eine gute Kartoffelernte hin, Ranken dagegen versprachen eine gute Weinernte und leiterartige Gebilde viel Obst. Um Mitternacht abgeschossene Gewehre sollten das Jahr über gut treffen und den Schützen vor Unglück bewahren.

Das Weihnachtsfest am 25. Dezember

Verhältnismäßig blass neben dem Hl. Abend mutet das Brauchtum am eigentlichen Weihnachtsfest an. Wie bei anderen Festen – etwa an Ostern – ist das nächtliche und damit „zauberhaftere" Brauchtum eben weit beeindruckender. Nicht umsonst handelt es sich hier auch um die Feier der Hl. Weih-Nacht.

Nach dem feierlichen Festgottesdienst am Weihnachtstag findet das große Weihnachtsmahl im Kreis der Familie statt, für das man früher in vielen Bauernhäusern extra geschlachtet hatte. Da durfte endlich einmal nach Herzenslust Fleisch gegessen werden, was es sonst das Jahr über nur sehr selten gab. Beliebt war ein Schweinebraten, in wohlhabenderen Häusern ein Gansbraten.

Weihnachtsgans-Braten aus Omas Rezeptbuch

3 gestrige Kreuzerbrote werden in Wasser eingeweicht und nach dem Durchweichen schnell fest ausgedrückt; nun 70 g Butter zerlassen, 2 Esslöffel fein geschnittene Zwiebel weich darin gedünstet, dazu dann das Brot gegeben und auf schwachem Feuer abgedämpft, gleichsam abgetrocknet, worauf man alles in eine Schüssel leert und erkalten lässt. Während dessen werden Magen, Leber und Herz fein gewiegt, unter das gekühlte Brot nebst Salz, Muskatnuss, einem Esslöffel in wenigem Fett gedünsteten Zwiebeln und 3 Eiern gerührt. Mit dieser Fülle wird jetzt der Leib der hergerichteten Gans gefüllt, dann zugenäht; so bringt man sie nebst einigen Zwiebelscheiben in eine Bratkachel und brät sie im Ofen unter häufigem Begießen in ihrer Sauce 1 1/2 Stunden langsam gelb und weich; während dieser Zeit mit Wasser oder Fleischbrühe nachgießen. Es ist gut, wenn man ein Stück Butter zum Braten beilegt.

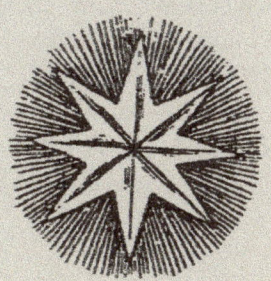

26. Dezember – Stefanstag

Wie viele Heiligenfeste war auch dieser Tag ein kirchlicher Feiertag, an dem nicht gearbeitet wurde. Bis zum heutigen Tag ist dies noch so, obwohl man um 1800 fast 30 solcher Feiertage abgeschafft hatte. Wahrscheinlich hat der Stefanstag als Festtag deshalb überlebt, weil damals als Ersatz für die abgeschafften Märtyrerfeste der Stefanstag als Fest aller Märtyrer deklariert wurde. Stephanus war der erste Märtyrer der Kirche; er wurde auf Veranlassung des Saulus' – des nachmaligen Apostels Paulus – zu Tode gesteinigt.

Der heilige Stephanus wurde seit alter Zeit als Patron der Pferde verehrt. Hier sieht man, wie gewisse Heilige als Ersatz für heidnische Gottheiten herangezogen wurden. Pferdegottheiten sind schon seit keltischer Zeit bekannt – so etwa die Göttin Epona –, wogegen der Hl. Stephanus mit Pferden eigentlich nichts zu tun hat. Wie dieser Heilige zum Attribut des Pferdes gekommen ist, bleibt unklar.

Flurumgänge und Flurumritte sind ebenfalls schon seit vorchristlicher Zeit bekannt. Schon die alten Germanen umschritten ihre Felder in feierlicher Prozession, um die Götter um eine gute Ernte anzuflehen. Die Kirche hat solche Bräuche in die Öschprozessionen (Bittprozessionen) und Bittgänge umfunktioniert. In dieser christlichen bzw. vorchristlichen Tradition stehen auch die Flurumritte am Stefanstag. Seit 60 Jahren findet ein solcher in Eisenharz um die dortige Flurkapelle herum statt. Die Kapelle geht möglicherweise auf eine Stiftung in früheren Pestzeiten zurück.

SINGETE AM STEFANSTAG

Am Stefanstag luden früher die Wirte ihre Stammkunden zum Singete-Essen (Birnenbrot-Essen) in ihre Wirtschaften ein – als kleine Geste der Verbundenheit und des Dankes für die Treue der Kundschaft das Jahr über.

Ein besonderer Brauch war es auch, dass am Stefanstag ein Bursche seine Liebste aufsuchte und von ihr eine besonders fein gebackene Singete vorgesetzt bekam. Als Zeichen ihrer Liebe durfte er die Singete anschneiden. Mancher Bursche bewahrte das „Reifle" (das Anschnittstück) wie einen Schatz auf, mit dem er gelegentlich anderen Burschen gegenüber prahlen konnte. Manchmal lauerten ihm sogar Nebenbuhler auf, um ihm das „Reifle" abzujagen.

Hatte ein Mädchen bis Dreikönig ihre Singete nicht los, so wurde sie von den anderen hämisch verlacht. Allerdings konnte das Aufbewahren einer Singete auch etwas Gutes bedeuten, denn in Aitrach galt: Wer seinen „Bierenlaib" erst am Sebastianstag (20.1.) anschneidet, der wird keinen Typhus bekommen.

27. Dezember – Das Fest des Hl. Evangelisten Johannes

Zur Unterscheidung vom Hl. Johannes dem Täufer (Johannes Baptist), dessen Fest am 24. Juni gefeiert wird und der deshalb als „Sommerhannes" gilt, wurde der Hl. Evangelist Johannes auch „Winterhannes" genannt. Sein Fest war vor der Aufklärung ebenfalls ein kirchlicher Feiertag. Noch bis um 1950 galt der Johannestag im Allgäu als „Baurêfei'tig" (Bauernfeiertag), an dem man nur das Nötigste arbeitete.

Im kirchlichen Brauchtum hat vor allem die Szene Bedeutung erhalten, in der der Lieblingsjünger Jesu beim Abendmahl mit ihm aus dem Kelch trinkt.

In heidnischer Zeit gab es verschiedene Bräuche des sogenannten Minnetrinkens. Man glaubte, man könne, indem man auf die Minne (Liebe) eines Gottes oder eines lieben Verstorbenen trank, dessen Kraft oder Liebe erringen oder gegen Schaden gefeit sein. Später wurde auch auf die Minne von Heiligen getrunken, besonders auf die des Hl. Johannes, zumal dieser ja der Lieblingsjünger Jesu war. Trotzdem verbot es der Hl. Ulrich, „die Minne eines Heiligen oder eines Toten zu trinken", da dies ein heidnischer Brauch sei.

Der Brauch war jedoch nicht auszurotten. Noch im 18. Jahrhundert wurde der Johanneswein vor dem Gottesdienst geweiht und nach demselben an alle anwesenden Erwachsenen an der Kommunionbank ausgeteilt. Später konnte man auch Weinflaschen in der Kirche weihen lassen und mit nach Hause nehmen. Dies sahen die Pfarrer jedoch nicht gern, weil dadurch das Quantum des Trinkens nicht mehr kontrolliert werden konnte. Trotzdem hat sich der Brauch bis heute auf diese Weise erhalten. Beim Trinken soll man nach alter Sitte andächtig beten: „Ich trinke die Liebe des Hl. Johannes." Mit dem Johanneswein wurde an Dreikönig der sogenannte Santehanssegen hergestellt.

Allgäudorf im Schnee

28. Dezember – Das Fest der Unschuldigen Kinder

Der Tag der Unschuldigen Kinder war noch im 18. Jahrhundert ein kirchlicher Feiertag. Er erinnert an den Kindermord von Bethlehem, als König Herodes auf der Suche nach dem Jesuskind alle Kinder bis zum zweiten Lebensjahr töten ließ. Dieses Ereignis wurde in manchen Simultankrippen denn auch eigens dargestellt.

Das Fest der Unschuldigen Kinder hieß im Volksmund Kindlestag. Die Kinder, die zum Gabenheischen gingen, wurden dabei manchmal mit der Rute gefitzt – ein Brauch, der einerseits an die Rute des Hl. Nikolaus bzw. des Knecht Ruprecht mit seiner Symbolik der „Kindererziehung" erinnert, andererseits aber auch mit Fruchtbarkeitsriten in Verbindung stehen könnte. Die Kinder erhielten dann meist eine Singete oder Zelten.

Der Kindlestag galt auch als Lostag. Zeigte sich am Morgen dieses Tages die Morgenröte, bedeutete dies, dass im nächsten Jahr angeblich manche Wöchnerin sterben würde.

WEIHNACHTSTHEATER

Im Zusammenhang mit den Krippenspielen und dem Kindleinwiegen ist die Tradition des Weihnachtstheaters zu sehen. Im Allgäu und in Oberschwaben bestand schon seit langer Zeit eine große Vorliebe fürs Theaterspiel.

Eine wichtige Wurzel des geistlichen Theaterspielens war das Mysterienspiel des Mittelalters, aber besonders prägend war die Barockzeit, als die Jesuiten – parallel zur sinnfälligen Krippendarstellung – auch das geistliche Schauspiel förderten. Die theatralische Darstellung biblischer Szenen aus dem Alten und Neuen Testament, die grandiose Architektur und Malerei der Barockkirchen und die festliche Musik verbanden sich so zu einem barocken Gesamtkunstwerk.

Besonders prächtige Aufführungen gab es z.B. in Ottobeuren, Isny, Weingarten, Schussenried, Weißenau und Zwiefalten. Von den Klöstern aus strahlte diese Begeisterung fürs Theater und für farbenprächtige Inszenierungen und Prozessionen, für das Erfinden anschaulicher Darstellungen von Bibelszenen, sei es der Geburt, der Kreuzigung, der Grablegung, Auferstehung und Himmelfahrt oder des Pfingstwunders, auf die umliegenden Städte und Dörfer ab: Auch das Volk wollte seine Rolle im barocken Welttheater spielen.

Seit dem 17. und 18. Jahrhundert wuchs in den Städten und Dörfern Oberschwabens und des Allgäus ständig das Interesse am geistlichen Theaterspiel. In Leutkirch lassen sich Theateraufführungen bis ins 17. Jahrhundert zurückverfolgen. 1641 führten die dortigen Lateinschüler die „sehr anmuthigen und denkwürdigen Tragico-Comödiae von dem Leben und Geschichten Moysis" auf

(Feger). Sicherlich gab es auch damals schon Krippenspiele, die das Weihnachtsgeschehen darstellten.

Auch in Wangen spielte man im 18. Jahrhundert vorwiegend geistliche Stücke. Das Wangener Theater befand sich im Obergeschoss des Tuchhauses (Walchner). In Immenstadt, Ellhofen, Sonthofen, Oberstdorf und Weiler gab es am Anfang des 19. Jahrhunderts sogar regelrechte Passionsspiele.

Aufklärung und Verbürgerlichung bewirkten, dass im 19. Jahrhundert größtenteils weltliche Stücke aufgeführt wurden. Mehr und mehr schälte sich als Zeitpunkt für die Theateraufführungen die Zeit zwischen Weihnachten und Dreikönig heraus.

In Ratzenried lebte die Krippenspieltradition 1885 noch einmal auf in einem groß angelegten Spiel, das vom dortigen Lehrer Stütz stammte. Die Szenerien mit der Geburt Christi, der Anbetung der Hirten, den Hl. Drei Königen, dem Kindermord und den klagenden Müttern, der Flucht nach Ägypten erinnern sehr an die barocken Simultankrippen, so wie die Verbindung von Krippe und Schauspiel ursprünglich gedacht war.

Das folgende Lied geht vermutlich auf einen kleinen szenischen Dialog zurück zwischen zwei Hirten, zwischen Mopsel und Klaus (der Name Mopsel war im 18. Jahrhundert ein beliebter Spitzname für Bauern). Das Lied ist in der Wangener Liedersammlung enthalten; allerdings konnte der Autor eine ältere Fassung aus dem Jahr 1767 ausfindig machen, in der noch viele Mundartrelikte vorhanden sind und in der deutlich wird, dass es sich wohl um einen lustigen szenischen Dialog handelt. Noch heute wird in vielen Allgäuer Dörfern in der Weihnachtszeit Theater gespielt, meist lustige Stücke in Mundart.

„Grieß di Gott, mei Mopsel! Wo ei und wo aus?"
„I ka's dir gar it sagê, mei guldener Klaus.
I muêß halt glôngglê,
um und ummar schlôngglê
im ganzê Ländle wohl um und um,
bis dass i wieder Schâf zum Hiêtê bekomm."

„Wiê isch mir des it ê garschtiges Land,
gell, mei Mopsel, es isch ê Schand.
Hund und Katzê,
Meis und Ratzê,
des bäetet mê dâ a und buckt sich no drzuê,
gell, Mopsel, des sind Narrê!" „Jâ freilich, mei Buê."

„Hör nur grad – i duê dirs' kund –,
was geschtern Mitternacht in der zwölftê Schtund.
Dâ konntet mir it schlâfê
bei Böck und Schâf,
dâ war ê G'schpiele, mei Gott und mei Herr,
mir sehet jâ dergleichê unser Lebdag nimmer.

Dâ hât sich dett eröffnet des himmlische Dor,
dâ wuselet diê Engêlê ganz haufêweis hervor.
Sie kuglet wiê diê Laggêlê
und machet Butzigaggêlê
bald auf und bald ab, bald hin und bald her,
bald unter sich, bald über sich, des wundert mi so sehr.

Se schreiet unterênander und wischplet so sehr,
dass i, mein Mopsel, schier verlorê hân des G'hör.
Däêner blâst diê Flauten,
seller schlagt diê Lauten,
der hoilige Sankt Raphael, der nimmt den Dudelsack,
der Michel und der Gabriel, diê gend drzuê dê Takt.

Kaum hônd diê Engel des Boltrê vollend't,
dâ sind mir jâ vor Fraidê wiê diê Narrê rumg'rennt.
Dr Seppele, der Hans,
der Schteffel und der Franz,
i und du und er und sie, mir danzet hin und her
und haltet uns de Bauch vor Lachê so sehr.

Und wiê mir hônd des guldene Gewimmel erblickt,
dâ hât uns Gott ên Botê zugeschickt.
Der dät uns adeitê,
mir sollet uns bereitê,
flugs schnell nâch Bethlehem zum Kindle auf diê Rois,
mir sollet schnell verlâssê diê Oxê, Kelber, Goiss.

Drauf dâ sagt ên Engel: Loos, was i befiehl,
du Seppel, nimm ên Butter, du Klâs, nimm ê Mill!
Michele, du Schlängel,
nimm ê g'mäschtet's Lämmle,
Jâckl, nimm diê Henn, Hans, nimm dê Hahn,
Steffel, nimm ê Ferkel und lauf drmit drvo.

G'loffê simmr, große Schritt hâmmr gmacht,
Sankt Gabriel hât sich drweil dê Buckel voll gelacht;
bis wir haben hören
Ochs und Esel blären
öfter und abermal, da fiel uns ein,
dass wir nimmer weit von der Ochsenkrippe seind.

„Seid mir Gott willkommen, ihr guldene Leit!"
Der hoilige Sankt Josef von weitem schreit.
„Nur rei jetzt in diê Hitte
und luêget in der Mitte,
dâ liegt ê herzigs Büble, so hübsch und so schön,
dass oim vor lauter Lieblichkeit die Augen schier vergehn."

„Des Büble, des liegt dâ auf dem schpitzigê Hai,
ên Ochs und ê Esele waret au drbei,
mit esellange Ohrê
und briegeldicke Hôrê,
se dienet dem klei Biêble und schnaufet wacker zuê,
erwärmet s'Biêble heiter und schaffet ihm Ruêh.

Und mir dett vor dem Kindle, dâ hând mir uns buckt,
den Schädel wiê diê Entê in Bodê eine druckt.
Dâ lächlet des Kindle,
mit seim sießê Mündle,
und wiê i's hân ganz unverwandt a'gschaut,
dâ schießet mir vor lauter Fraid diê Tränê aus êm Aug.

G'opfret hâmmr alles, was mir bei uns hând g'habt,
der hoilige Sankt Josef wiê ên Bettler drnâch schnappt.
Ei, Josef, was für Gabê
willsch du fir's Kindle habê?
Willsch Butter oder Oier, willsch Brot oder Käs,
willsch Nussê, Oier, Kirschê oder sonsch êso ê G'fräß?

Wiê hât mi doch des winzige Kindle verbarmt,
drum hân i's jâ viel daused Mâl mit Fraidê umarmt.
Und so dergschtaltê,
hân i's b'haltê,
diê guld'ne Frau Maria hât miêßê schier
des Kindle nêmmê mit G'walt von mir.

Jetzt frait's mi halt recht ins Herz hinein,
dass wir haben g'sehn das Kindelein.
Es isch unser Gott,
der Helfer in der Not,
es isch jâ so ê Büêble, beim hundertsappermoscht,
was haben wir für Süßigkeit beim Kindelein verkoscht't!

Jetzt b'fiêt eich Gott, ihr liêbe, guête Leit,
mir müsset wied'r ê wenig auf unsere Haid
und luêgê zuê dê Schâf,
ob siê it sind verdloffê.
Komm nur, mei Mopsel, mir wellet eiligscht gehn,
erzählet's andre Hirtê, was i hân gsäêh.

Und denn sind mir ganz wacker wieder hoim marschiert,
doch dâ waret mir ganz gründlich bitschiert.
Denn all diê Schriftgelehrten,
diê von dem Wunder hörten
jaget uns mit Zorn aus dem Dörfle naus,
mir seiet wohl Lumpê."– „Jâ freilich, mei Klaus."

31. Dezember – Das Fest des Hl. Silvester

Der letzte Tag im Jahr erinnert an den Hl. Silvester, der in der Zeit des römischen Kaisers Konstantin I. Papst war. Allerdings hat dieser Heilige damals wie heute keine Spuren im Brauchtum hinterlassen. Dagegen spielen an diesem Tag wie eh und je eher weltliche Bräuche des Jahresschlusses eine Rolle.

Der Brauch, in der Silvesternacht Lärm zu machen, geht auf einen alten heidnischen Lärmzauber zurück: Durch Lärm versuchte man, die bösen Geister zu vertreiben. Die Synoden verboten denn auch schon im Jahr 585, an den Lärmzauber zu glauben.

Besonders beliebt war früher das Neujahranschießen bei den jungen Burschen, die mit den Gewehrschüssen zusätzlich ihren Mädchen eine besondere Ehre erweisen wollten. Manche Burschen achteten beim Schießen genau darauf, dass die Zahl der Schüsse keine gerade war, da dies Unglück brächte. Als Dank für das Schießen des Freundes öffnete das Mädchen die Tür und lud den Burschen zur Singete oder zu einem Glas Schnaps ein. Birlinger berichtet, dass die Mädchen der Kißlegger Gegend sich einige Tage vor Neujahr schon mit etlichen Flaschen Schnaps versorgten, um auf entsprechenden Besuch gefasst zu sein.

Da das Schießen wegen der damit verbundenen abergläubischen Vorstellungen, aber auch wegen der Feuersgefahr verpönt war, wurde es immer wieder verboten. Heute sind die Knall- und Feuerwerkskörper üblich und die uralten Vorstellungen des Lärmzaubers, die auch im Allgäu eine große Rolle spielten, sind längst vergessen.

Da die Silvesternacht ein Lostag war, versuchte man – ähnlich wie in der Andreasnacht – durch Bleigießen die Zukunft oder den Beruf des Zukünftigen zu erfahren. Auch glaubte man, dass die Träume der Neujahrsnacht in Erfüllung gehen.

Dieses eher weltliche Treiben am letzten Tag des Jahres versuchte die Kirche, durch christliches Gedankengut zu verdrängen. Der heidnischen Lärmzauber sollte durch das mitternächtliche Glockenläuten ersetzt werden, so wie auch das Glockenläuten bei nahenden Gewittern schon andere Lärmbräuche ersetzt hatte. Zusätzlich wurde – wie es aus der Zeit vor der Aufklärung aus Ratzenried überliefert ist – zum Jahresschluss am Nachmittag ein Rosenkranz, eine Kanzelrede bzw. Dankpredigt, das Beten der Allerheiligenlitanei und ein Segen mit dem Allerheiligsten gehalten.

Vielfach fand das heute in den ersten Tagen des Jahres übliche Silvesterblasen der Musikanten in der Silversternacht statt. Dabei zogen die Musikanten vor allem vor die Häuser der Dorfhonoratioren wie Bürgermeister, Pfarrer oder Gemeinderat. In Isny hatte der Nachtwächter in der Neujahrsnacht einen eigenen Reim parat, den er vor den Häusern sang, wofür er eine Gabe erhielt.

1. Januar – Neujahr – Fest der Beschneidung des Herrn

Wie bei vielen anderen Festen des Kirchenjahres verhält es sich auch an Neujahr: Ein ursprünglich heidnisches Fest wurde durch christliches Gedankengut überlagert. Freilich hat sich das Fest der Beschneidung des Herrn weniger tief ins Bewusstsein gesetzt als etwa das Weihnachts- oder Dreikönigsfest.

Der Isnyer Musikdirektor J.J. Onenberg hat 1776 das folgende Neujahrslied verfasst:

„Auff den Newen Jahrstag oder die Beschneidung Christi"

Hilf, Herr Jesu, lass gelingen,
hilf, das neue Jahr geht an,
lass es neue Kräfte bringen,
dass auf's Neu ich wandeln kann.
Neues Glück und neues Leben
Wollest du aus Gnade geben.

Was ich sinne, was ich mache,
das gescheh in dir allein;
wenn ich schlafe oder wache,
wollest du, Herr, bei mir sein;
geh ich aus, wollst du mich leiten,
komm ich heim, steh mir zur Seiten.

Lass dies sein ein Jahr der Gnaden,
lass mich büßen meine Sünd';
hilf, dass sie mir nimmer schaden
und ich bald Verzeihung find,
Herr in dir; denn du, mein Leben,
kannst die Sünd' allein vergeben.

Herr, du wollest Gnade geben,
dass dies Jahr mir heilig sei
und ich christlich könne leben
ohne Trug und Heuchelei,
dass ich noch allhier auf Erden
fromm und selig möge werden.

Jesu, lass mich fröhlich enden
dieses angefang'ne Jahr;
trage stets mich auf den Händen,
halte bei mir in Gefahr.
Freudig will ich dich umfassen,
wenn ich soll die Welt verlassen.

Bedeutend stärker ist das weltliche Brauchtum am Neujahrstag. Es ist heute weitgehend unbekannt, dass in heidnischer Zeit alle Monatsanfänge besonders gefeiert wurden. Ähnlich wie an Fasnet zogen die Menschen mit Masken und unter großem Lärm umher, um die Dämonen zu vertreiben. Die Synoden verboten denn auch schon im Jahr 585, „sich am 1. Januar nach heidnischer Art in Kühe oder alte Weiber oder Hirsche zu verkleiden". Und im 8. Jahrhundert verbot der Hl. Pirmin, an den Monatsanfängen mit Kalbs- und Hirschmasken umherzuziehen.

Während heutzutage die Maskeraden nur noch auf Fasnet beschränkt bleiben und am Neujahrsanfang im Allgäu nicht

VIEL GLÜCK zum NEUEN JAHRE

mehr bekannt sind, haben sie sich in anderen Gegenden Europas erhalten.

Ein anderer heidnischer Brauch war es, am 1. Januar Geschenke zu verteilen, da man sich davon für das neue Jahr Glück erhoffte. Die Synode von 585 verbot es denn auch, sich zu diesem Zeitpunkt „diabolische Neujahrsgeschenke zu machen".

Möglicherweise knüpft der Allgäuer Brauch daran an, an Neujahr besonders den Paten einen Besuch abzustatten und ihnen Geschenke zu bringen – als Dank für die am Klâsê-Tag oder an Weihnachten erhaltenen Geschenke. Mancherorts übergaben die Paten auch erst an Neujahr ihre Geschenke an ihre Patenkinder, wo dies am Klâsê-Tag noch nicht erfolgt war. Ebenso wurde da und dort die an Weihnachten innerhalb der Verwandtschaft übliche Schenkung von Singete oder von Hefezöpfen auf Neujahr verlegt, wobei man die Schenkung als „das gute Jahr geben bzw. kriegen" oder als „Guêtjâhre" bezeichnete. In manchen Häusern wurden sogenannte Hauszöpfe hergestellt, die man gemeinschaftlich aß.

Nicht nur den Paten, sondern auch allen Verwandten und Bekannten und darüber hinaus auch dem Pfarrer und dem

Lehrer wünschte man „ê guêts nuis Jåhr". Dem Letzteren übergab man „zur Bezeugung dankbaren Gemüts" ein Geschenk, eine „Verehrung" bzw. eine „Standehrschenkung", z.B. in Form eines „Verehrfisches". In Wangen war mit dem Neujahrswünschen der besondere Brauch verbunden, den anderen beim Gratulieren zuvorzukommen. Deshalb begaben sich manche schon in aller Herrgottsfrühe auf Glückwunschtour.

Mit der Sitte des Neujahrswünschens waren früher gewisse Heischebräuche verknüpft, d. h. ähnlich wie auch in den Klopfernächten bzw. am Hl. Abend zogen arme Kinder von Haus zu Haus, um eine Gabe zu „erheischen". Dabei riefen sie: „Mir winschet ê guêts nuis Jåhr, dass 'r lang läëbet und gsund blibet und in Himmel kummet." In Hiltensweiler sagten die Kinder: „Wir stehen auf einer buchnen Spälte (Scheit) und hätten gern ein Bierêzeltê." Eventuell sangen die Kinder auch noch ein Lied. Als Dank gab man ihnen einige Geldstücke oder eine Singete bzw. einen Biêrêzeltê. In der Schweiz begleitete die singenden Kinder sogar noch eine maskierte, possenreißende Figur, die vielleicht an die alten Maskenbräuche an Neujahr erinnerte. Scherzhaft konnte man im Allgäu auch diesen Neujahrsspruch hören: „Gsund und g'fräß, und 's ganze Jåhr im Sonntigshäs."

Mancherorts sangen die Kinder auch spezielle Neujahrslieder, ähnlich wie am 5.12. oder am 24.12.

Ein altes Neujahrslied
UM 1800, IN WANGEN ÜBERLIEFERT

Kommt herbey ihr meine Brüder –
es geht ein neues Jahr herein –
und singt von Herzen geistliche Lieder,
es geht ein neues Jahr herein,
frisch und fröhlich wolln wir seyn.

Ein gutes, gesundes, reiches Jahr,
es geht …
das geb euch Gott und werde wahr,
es geht …
frisch und fröhlich wolln wir seyn.

Gott der Herr, der woll uns geben,
es geht …
ein noch gesund und langes Leben,
es geht …
frisch und fröhlich wolln wir seyn.

Die Kinder standen am Neujahrsmorgen möglichst früh auf – ähnlich wie am Nikolaustag –, um möglichst viele Häuser besuchen zu können und anderen Kindern zuvorzukommen. Da ging es dann in den Häusern zu wie im Taubenschlag. In jedem Haus hatte man für diesen Tag reichlich Kleingeld hergerichtet. War man in einem Haus nicht freigebig, folgte auf den Spruch „Geb ênê (ihnen) Gott ê guêts nuis Jåhr" etwas verstohlen der Satz: „Mê gibt so niêz (nichts), es isch ê Schand!"

Seit der Zeit um 1900 verlor sich dieser Brauch allmählich, auch deshalb, weil er zeitweise wegen Bettelei verboten wurde.

Eine Fortsetzung dieser alten Heischebräuche und auch des Silvesterblasens stellen die Schnurranten bzw. Schnorranten dar: In den Tagen zwischen Neujahr und Dreikönig ziehen Mitglieder der Blaskapellen als Schnurranten durch die Dörfer, spielen ein kleines Ständchen mit Walzer, Polka oder Marsch, wünschen ein gutes neues Jahr und bitten um eine Geldspende für die Musikkapelle. Natürlich darf da und dort ein Schnäpsle nicht fehlen, damit bei der kalten Witterung wenigstens die innere Wärme stimmt.

Schlittenpartien

Das Neujahrswünschen war manchem Anlass für eine zünftige Schlittenpartie. Die Bauern holten ihre besten Rosse aus dem Stall und prunkten mit schönem Kummet und klingendem „G'röll" oder „G'schell". Die reicheren besaßen einen gepolsterten Chaisenschlitten; „Mittelklasse" waren die Rennschlitten. Ärmere Bauern mussten sich eben mit einem Fuhrschlitten begnügen.

So ging es dann mit frohem Rufen und klingendem Trab durch die verschneite Landschaft zu Besuch bei den Verwandten und Bekannten. Dort angekommen, aß man zusammen ein Zopfbrot oder eine Singete mit Kaffee, bestaunte den Christbaum und die Krippe, plauderte gemütlich einige Stunden und fuhr dann – rechtzeitig zur Stallzeit – wieder heim.

Pauline Abler berichtet in einem Gedicht, wie die Amtzeller Bauern gar mit einem ganzen Schlittenzug nach Wangen fuhren. Wenn man von Weitem Musik und Glöckle hörte, hieß es da in Wangen:

„Des werret d'Amtzeller si,
diè ganz Gmuind kunnt heit mit Schlittê ge Wangê ri.
Vornê uf êm Gsellschaftsschlittê, wiê se's gebührt,
hât d'Musik mit 'mê Marsch dê Zug a'gfihrt.
Dâ sind zwoi scheene Gäul det gwäê,
dê Schtolz vom Bur, des hât mê g'säêh ..."

Die Schlitten waren frisch gemalt und geschmückt:

„Dr Bur und Bire (Bäurin) sind b'häbig dinn g'säêssê:
Heit wend se se êmâl mit dê Schtädter mäêssê;
s'bescht Häs hât ê jeds a'zogê,
sogar dê Familiêschmuck, u'glogê!
Dr Pfarrer, dr Schultes, dr Lehrer, dr Bittel,
alle schtecket se heit im Feschttagskittel,
und d'Rösser sind gsi ê wahre Pracht,
so hât mê's g'schtrieglet und suber g'macht."

Am Schluss des Gedichtes klingt es wehmütig, dass diese Zeiten vorbei sind:

„D'Auto hând dê ganze Zauber vrdrängt;
fascht kuine Ross sind me dâ.
Und 's Gschirr und 's Gschell
hât mê scho lang uf d'Bihne nuf g'hängt."

„Der Winter ist ein rechter Mann", Ludwig Richter.

Das Dreikönigsfest am 6. Januar

Zum christlichen Brauchtum des Dreikönigstages (Epiphanie) gehört heutzutage die Weihe von Dreikönigswasser, Salz und Kreide und noch mancherorts die Beräucherung der Häuser. Die Wurzeln dieser Bräuche gehen freilich in vorchristliche Zeit zurück und sind im Allgäu noch besonders lebendig geblieben. Kaum ein anderes kirchliches Fest ist im Allgäu noch mit so vielen vorchristlichen Vorstellungen verhaftet, handelt es sich beim 6. Januar doch um die letzte der Rauchnächte.

Dem Wasser als einem der Urelemente wird schon seit uralter Zeit reinigende Wirkung zugeschrieben. Deutlich sind diese Vorstellungen noch heute, wenn in der katholischen Kirche an Epiphanie das Wasser gegen „Bezauberung, Krankheit und Gewitter" geweiht wird. Das Konstanzer Ritual von 1756 sah in der (Salz- und) Wasserweihe ausdrücklich ein Mittel gegen die diabolischen Mächte.

Heute noch holen sich die alten Allgäuer dieses spezielle Wasser in der Kirche, in Flaschen abgefüllt, um es im Haus als Schutz vor Unwetter, auf die Tiere vor dem ersten Austrieb oder auf dem Feld für eine gute Ernte zu „verschprenzê". Überhaupt gilt das Dreikönigswasser bis heute als „am höchste g'wihê" (geweiht).

Ähnliche Dämonen abwehrende Eigenschaften wurden auch dem Salz beigemessen. Das geweihte Salz wurde dem Essen beigemischt und dem Vieh „in Baarê (Futtertrog) ni gschtrait". Auf der Leutkircher Heide besprengte man die Bienenstöcke mit Dreikönigswasser und legte vor das Flugloch Dreikönigssalz als Schutz für die Bienen.

Ein Teil des an Dreikönig geweihten Salzes wurde im Allgäu bis zum Johannestag (27.12.) aufbewahrt, um daraus den „Santêhans-Segen" zu gewinnen, d. h. einen Salzstein. Man

Die heiligen drei Könige mit ihrem Stern,
sie essen, sie trinken und zahlen nicht gern.

brachte Dreikönigssalz in ein Schüsselchen und goss so viel Johanneswein (der ja am 27.12. geweiht wird) dazu, dass sich das Salz nach und nach auflöste. Nun stellte man das Gefäß an einen warmen Ort, bis alle Flüssigkeit verdunstet war, wobei sich der Salzstein ausschied. Der scheibenartige Stein wurde durchlöchert und an einem Faden aufgehängt. Von diesem Stein aß die Braut, ehe sie den Hochzeitszug antrat. Auch dem Vieh mischte man davon unter das Futter, bevor man es im Frühjahr zum ersten Mal austrieb oder bevor eine Kuh kalbte. Man beachte die Dämonen abwehrende Funktion bei der Braut wie bei der Kuh!

Eine andere Variante ist aus Kißlegg überliefert. Hier wurde der besagte Salzstein aus einer Mischung von Dreikönigswasser und -salz gewonnen.

Eine ähnlich magische Bedeutung hatte ursprünglich die Räucherung des Hauses. Der 6. Januar ist ja der letzte Tag der sogenannten Rauchnächte, in denen man die Häuser zum Schutz vor Geistern und Unheil räucherte. Später gab man mit dem Weihrauch diesem Brauch einen christlichen Sinn, besonders in Verbindung mit der Besprengung mit geweihtem Dreikönigswasser. So ist bis heute in manchen Familien der Brauch lebendig geblieben, am Dreikönigstag das Haus mit geweihten Weihrauchkerzen zu räuchern und mit Weihwasser zu segnen.

Vielleicht hat auch der andere Brauch des Dreikönigstags, das Anschreiben der Buchstaben C + M + B (Christus mansionem benedicat = Christus segne dieses Haus) an die Haustüre, eine Wurzel in der Sitte der heidnischen Vorfahren, die Häuser mit magischen Zeichen und Symbolen zu beschriften. Geisterabwehrende Zeichen an Allgäuer Häusern gab es noch bis in die Gegenwart hinein, etwa den Drudenfuß oder das Hakenkreuz. Beide Zeichen sind übrigens noch heute in der Genhofer Kirche (bei Oberstaufen) zu sehen.

Um diese heidnisch-magischen Zeichen abzuschaffen, wurden Zeichen mit christlichem Sinngehalt erfunden. Tatsächlich waren es früher auch Mönche, die gegen Entgelt das „zauberabwehrende C + M + B" an Haus- und Stalltür schrieben. Und noch um 1900 war man in Wangen der Meinung, diese Buchstaben hielten das Böse vom Haus ab. Auch zusammen mit der Sator-Arepo-Formel, mit der man allerlei Magie betrieb, kam das C+M+B vor.

Die heute noch übliche Kreideweihe gibt der Hausbeschriftung ebenfalls einen christlichen Sinn, denn die Familienväter sollten mit dieser geweihten Dreikönigskreide die christlichen Zeichen an die Haustüren schreiben. Aber nicht nur zu diesem Zweck fand die Dreikönigskreide Verwendung; sie wurde auch wegen ihrer angeblich heilkräftigen Wirkung dem Viehfutter beigemischt.

In Kißlegg wurden am Dreikönigstag zusätzlich Zwiebeln, Brote und Kerzen geweiht. Vom Dreikönigsbrot schnitt der Bauer so viele Scheiben ab, wie er Vieh im Stall hatte. Diese Scheiben bestreute er dann mit Dreikönigssalz und gab es dem Vieh „in den drei höchsten Namen" zu fressen. Dabei wurde das Vieh mit Dreikönigswasser besprengt, das Gebet zu den „5 Wunden Christi" gebetet und mit Weihrauchkerzen geräuchert. Dies sollte einen Schutz vor Unglück darstellen.

Ein weiterer Dreikönigsbrauch ist heute im Allgäu weitgehend vergessen, lebt aber in anderen Regionen – z. B. in Frankreich – fort. Auf das Dreikönigsfest wurde früher ein Gugelhupf gebacken und im Teig eine Geldmünze versteckt. Wer dann beim gemeinsamen Dreikönigsessen im Kreis der Familie auf die Münze stieß, galt als König.

Auch der Dreikönigstag war früher ein willkommener Anlass für bettelnde Kinder, durchs Dorf zu ziehen, Lieder zu singen, ein gutes neues Jahr zu wünschen und Gaben zu erbetteln – oft zu dritt und als Drei Könige verkleidet. Zum Dank erhielten sie Esswaren – u.a. die Singete – oder einige Kreuzer.

Der Marchtaler Praemonstratenserpater Sebastian Sailer (1714–1777) war der erste, der Gedichte in schwäbischer Mundart schrieb.

Im Jahre 1772 schrieb er für seinen Abt Gilbert einen Neujahrswunsch, von den Drei Königen vorgetragen:

*Diê hoil'ge Drei Kenig mit ihrem Schtäêrê,
diê kommet dâ her, weil's Nui Jâhr duêt wäêrê.*

*Des nui Jâhr ischt allet ê fröhliche Zeit,
mê singt's a dê hohe und niedere Leit.*

*Êm gnädigê Herrê soll alles wohl gau
er soll ê g'sunds Jâhr und ê glicklich's au hau.*

*Ê g'sunds und ê glicklichs, ê friedlichs drbei,
dass des êm verbuintê Herodes recht kei.*

*Dem Herr soll gedeihê der göttlichê Säêgê,
im Sonnêschei äêbê als wiê au im Räêgê.*

*Dê Huimet im Haus, uf dê Felder und dussê
soll Säêgê und Glick sei, so hoch as dr Bussê.*

*Und Wässer, so viel in diê Donau dund rinnê,
so viel soll er Glick hau, so dussê wiê hinnê.*

*Und dass er kuin Doktor brauch, soll er gsund sei,
sei Gsundheit soll leidê kuin Schmerzê no Pei(n).*

*Des Kindle vo Bethlehem helf êm denn glei,
des singet und winschet diê Hoilige drei.*

Im Westallgäu sangen die bettelnden Kinder dieses Lied:

*(alle 3:) Mir sind diê drei Kenig und scho lang ufm Wäêg,
iber Berg, iber Boschê, ohne Bruck, ohne Schtäêg.*

*(Kaspar:) I bi dr rich Kaschper und ê Gold bring i mit,
dâ kauft dir dine Muêtter nômmas z'Essê drfir.*

*(Melchior:) I bi dr olt Melchior, hân ên Wihrauch im Sack,
der bringt in den Schtall ni ên bessêrê G'schmack.*

*(Baltasar:) I bi dr schwaaz Baltes, ê Myrrhe bring i,
wenn Weh hâsch beim Zahnê, denn nimm's, s'isch fir di.*

*(alle 3:) Mir sind diê drei Kenig und scho lang ufm Wäêg,
iber Berg, iber Boschê, ohne Bruck, ohne Schtäêg.*

Seit ca. 1960 haben die sogenannten Sternsinger manche Dreikönigsbräuche übernommen. Vor dem Gottesdienst an Dreikönig – dieser Tag ist ja in Baden-Württemberg und in Bayern ein Feiertag – werden die Jugendlichen, die mitmachen wollen (es sind meistens die Ministranten) in Dreiergruppen als Drei Könige zusammengestellt. Jeder erhält orientalisch anmutende Kleider und wird entsprechend geschminkt – Balthasar als Mohr. Einer erhält einen Stab mit einem Stern. Die ganze Gruppe der Sternsinger wird am Ende des Gottesdienstes feierlich gesegnet und danach los geschickt. In Dreiergruppen ziehen sie nun von Haus zu Haus. Sie singen vor den Häusern, wünschen ein gutes Jahr, schreiben mit der geweihten Kreide das C+M+B samt der Jahreszahl auf den Türrahmen und sammeln Geld für einen guten Zweck.

Als Lostag war der Dreikönigstag als letzter der magischen zwölf Tage bzw. „Wih-Nächte" von besonderer Bedeutung. Das Wetter, das an diesem Tag herrschte, war bedeutsam für das ganze Jahr und besonders für den Dezember.

Ein Dreiakter des Allgäuer Heimatdichters Fridolin Holzer fasst manche dieser Dreikönigs- und Vorweihnachtsbräuche zusammen.

Zunächst treten die Drei Könige einer nach dem anderen auf. Melchior gibt sich besonders traditionsbewusst und zählt Bräuche der Weihnachtszeit auf, die er kennt.

Melchior:
I kennt, dös wissed viele ita
vum Under- und vum Oberlând,
was frumme Lit zu alle Zita
a gwisse Däg so tribê hônd.
Vum Klöpflesdag, vum Klâsêschiaßê,
vur Thomasna't und sus nu meh',
vum Schrättle, vum Figurêgiaßê,
vum Schteannesingê duss im Schnee.
Am sechstê Jänar ischt a Wende,
dia ruhe Nä't, dia sind jetz rum,
ma schribt ob d'Tüer mit frumma Händê
dröi Zoichê und a Zahl drum rum.

Kaspar:
Mit dena ka ma's Uglick schöichê!
Mi Gotlê mached's ou a so,
mit Krüter dduet se d'Schtubê röichê,
de Schtal, de Schopf und s'Hennelo'.
A Solz, a gwöihts, nimmt ba zum Bachê,
ma schtröit's in Barê ni fürs Veah.

Melchior:
In Goglopf hobba Minza bachê,
wear uine bißt, ischt Kineg gsi.

Dann gehen die Drei Könige auf die Reise und stellen sich in den einzelnen Häusern folgendermaßen vor:

Kaspar:
I bi dr Kineg Kaschper
und kumm vu Persien her,
bi is dahui, dâ hused
im Holz duss Wolf und Bär.
I hô am Himel domma
a Liat gseah, gonz a schä's,
dâ söit zu mir mi Olte:
Schliaf gnôt is Sunddaghäs
und louf deam Schteannê noche,
ar lichted gar so wit,
nimm ou a Schlickle Obsar
und Golddukatê mit.

Balthasar:
I hâ wia Du dê Schteannê gseah.
Was ischt denn los, was ischt denn gscheah?
So hât mi Wib a uim Drumm gmogged,
dr Wunderfitz, dear hât se plâged.
I hâ mir denkt, dös hât se troffê
und bi-n-r geann a Wil vertloffê.
I bi dr Kineg Balthasar,
bi is ischt's Gold a bizle rar,
drum ho-n-i, i sag's uverhohlê,
bir Mösmare an Wihrou' gschtohlê.
Deann nimm i füer a Krämle mit,
as kinnt jâ si, ma woiß es it,
dass as in Bethlehem kuin git.

Melchior:
I bi dr Mohrêkineg und hinder'm Môrng dahui
mit minar Wundergeannê bin i scheint's it allui.
Sit etle Wucha siah'n i am Himel dômm an Schteann,

ar hât an Schwânz, an langê und oba ischt dr Keann.
I bi-n-m nâchegloffê, deam wundersamê Schi,
soll jabbê denar Schteannê a guete Botschaft si?
I kumm vum Mohrêviörtel ou it mit leere Händ,
i hâ so viele Myrrha, dass es dê Sack v'rschpännt.

Alle drei singen zusammen:
Mir kummet vu withear, oh(n) Schpoere und Ross,
a Säckle am Buggel, a Schteackele bloß.
Mir klopfed a allega Tüera a
und saged a Schprüchle, so guet's jeder ka.
Mir beattlet füers Kindle in Nazareth,
wia kolt ischt si Schtube, wia hiört ischt si Bett.
Mir neahmed ou Küechlê und Kizlê a,
was halt so a Kindle vrtragê ka.
Und wenn 'r zum Schenkê a Singate hônd,
dös ischt is nu liaber wia Windla und Gwând.
Mir traged dia Gaba ge Bethlehem ni,
dös ischt it varlogê, dös sind it bloß Schprü'.

Mit dem Dreikönigstag war und ist die Advents- und Weihnachtszeit im engeren Sinn beendet. Nach dem Dreikönigstag wurden vielfach die Christbäume aus den Stuben entfernt, die Krippen meist erst an Mariä Lichtmess (2. Februar). Auch sollte an Dreikönig der „gloibete" (aufbewahrte) Rest des Birnenbrotes aufgegessen sein.

Schlusswort

Der Streifzug durch das Allgäuer Brauchtum der Advents- und Weihnachtszeit hat gezeigt, dass hier noch viele Elemente lebendig sind, die anderswo schon ausgestorben sind.

Ein Gedicht von Fridolin Holzer fasst noch einmal die meisten Bräuche der Advents- und Weihnachtszeit zusammen, wie die Großmutter sie den Enkeln erzählt (Auszug):

„Sag amâl, wia ischt as fröier gsi?
Kumm, vrzöll, mir wend manierle si."
Und i nimm de Kleinschte uff dê Schoß,
Sodela, jetz gôhts vrzöllê los

Vu dr Klöpflesna't dia olte Brü,
Wia se dâ und dett sind huimesch gsi,
Vu dê Schrättlê i dr Thomasna't,
Däêne ritted uff am Sunnerad,

Vu dr Krippe und was drum und dra.
I dr hoilegê Na't bim Zwölfeschla
Fanged Kueh und Kälble 's schwätzê a,
Dass ma 's bis i d'Schtube hörê ka.

Wenn ma voer dê Schtal a Ohmad dduêt,
Ischt as, söit ma, füer 's Vrblaihe guêt.
Voer de Fürdäg, denas miörked Öi,
Ischt a Knea't vum Chrischtkindle im Göi,

Denar losed a dê Tüera rum,
Ob Ihr brav sind und vrzöllt 's dahumm.
Voer dr Mette singed arme Lit
I de Hiser rum zu zwoit und dritt,

Füer a Singate und füer a Geald
Saged se viel tausedmâl Vrgealt.
A Silveschter giaßed d'Schputtla Blöi,
Mä'ted wissê, wear dear Künfteg söi.

Nâ dê Losdäg ka ma 's Weatter nea,
Ob as schtimmt, wiörd ma im Summer seah.
Und so kumm i is Vrzölle ni,
Denn as fallt mr dös und diesas i

Vum Noujâhr-A'schiaßê allarloi
Und vu sus so lose Buêbêschtroi,
Ou vum Singê am Dröikinegsdag.
Wia dia Kleine losed, was i sag!

Vieles von diesem alten und bunten Brauchtum wird im Laufe der nächsten Jahre verloren gehen bzw. ist schon verloren gegangen. So bleibt das schriftlich Fixierte die einzige Möglichkeit, dieses Brauchtum der Nachwelt zu vermitteln.

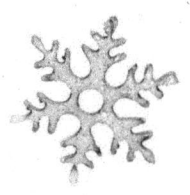

Besonderheiten der Westallgäuer Mundart

1. Hier hat die neuhochdeutsche Umlautbildung noch nicht stattgefunden.
   Haus = Hus
   reich = rich
   Kreuz = Krüz oder Kriz

2. Hier existieren noch alte, mittelhochdeutsche Wörter, die es im Neuhochdeutschen nicht mehr gibt.
   häl = glatt
   Käner= Dachrinne
   Multe= Backtrog

Mehr dazu s. Büchele III, Ratzenried 1990, S. 153 ff.; Gruber, A., Die Westallgäuer Mundart; Reiser, Band I (s. Literatur)

3. Schreibweise in diesem Buch
   ê = Laut zwischen e und ä
   ô = offenes o
   â = Laut zwischen a und o, ähnlich wie ô

Glossar

agäê	angeben
allad	immer
all bod	dauernd
Anê	o je
Bädderlê	Perlen des Rosenkranzes
Barê	Futtertrog
Bäpp	Klebstoff, klebriger Teig
Bätschlê	Hausschuhe
Berbandickel	Perpendickel
berse	ärgerlich
biechtê	beichten
bitschiert	blamiert
blôget	plagt
Bâm	Baum
Bott	Bote
breschthaft	verletzt, schmerzhaft
briêsslê	basteln
bröhlê	brüllen
Brü	Bräuche
Buiner	Gebeine
Butzigaggêlê	Purzelbäume
dêherhilpê	daherhinken
Dier	Türe
Dierlênê	Tierlein
dôbbig	ungeschickt
Dockêbabel	Puppe
Dorsê	Strunk
duret	dauert (von bedauern)
drinsi	aufgeregt

dusam	klein, zahm
ê weng	ein wenig
Fehlê	Mädchen (Plural)
Fentis	Schwung
Fie(r)däg (Fürdäg)	Feiertage
Fiêr	Feuer
Flumm	Flaum
fröier (freier)	früher
giered	knistert
glôngglê	trödeln
gnôt	geschwind
Gofê	(freche) Kinder
Göi	Gäu
gompê	hüpfen
gông	gehen
Gottê (Gottlê)	Taufpatin
gschtibitzt	weggeschnappt
gschtôgelet	dünn
Hai	Heu
Haitelein	Kindlein
häl	eisglatt
härê	rufen
Häs	Kleidung
Helbêsack	Sack mit Spreu als Matratze
hi	kaputt
Hiörtê	Hirten
hoile	heimlich, heimelig
Hôrê	Hörner
Hoschtubê	gemütliches Beisammensein bzw. Unterhaltung
Hufê	Haufen
Huimatle	kleiner Hof
ifiêrê	einfeuern
kāl-dua	unflätig tun

Käner	Dachrinne
Kantê	Kanne, Dose
Kär	Keller
keiê	übel werden
Kineg	König
kipplê	kämpfen
Kladdra	getrockneter Kuhdreck
Koar	Korn
köt	gehabt
lagglê	herumbalgen
lât	lässt
lichê	spülen
loos	horch
luck gäe	locker lassen, nachgeben
Marênescht	Versteck mit Süßigkeiten
Miês	Moos
miglê	möglich
Misle	Mäuslein
mitbriagê	mitweinen
Mösmare	Mesnerin
montschê	essen
Nana (Nanê)	Oma
Natsessê	Nachtessen
netgli	egal
num (numma)	nicht mehr
Obsar	Obstler, Schnaps
offklocket	aufklopfen
Ôhmad	Öhmd
Oigeal	Eigelb
Schi	Schein
schiagê	schlurfen
Schliefe	Schleife Rutschbahn
schlôngglê	schlendern
Schniztüachle	Taschentüchlein („Schneuztüchlein")

Schopê	Jacke
Schößle	Schürzlein
Schputtla	Mädchen
Schrättle	Nachtgeister
Schteann	Stern
Schtrai	Streu
Schur	Mühe
Schwick	Moment
siberle	säuberlich
Silberhubê	Silberhaube
so gnôt as migle	so schnell wie möglich
Sul	Säule, Pfosten
ugschtrählet	ungekämmt
umergjeicht	umhergejagt
underliats	unter dem Licht, in der Dämmerung
Unterbrot	Vesper
userkutt	herauskommt
Veah	Vieh
vrblaiê	verblähen, aufschwellen
vrbuint	(„verbeinert") verknöchert
vrgaggê	verzweifeln
vrgalschteret	zerzaust
vrgrännê	nachäffen
vrlickerlê	erraten
vrliedig	Mühe machend
vrniazigt	wörtl.: zu nichts gemacht
Vrpfliezge	Niesen
vrschneigget	vernascht
vrzwazget	ängstlich, verzweifelt
wäh	schön
woile	schnell
zämmet	zusammen
z'glufet ku	zu Rande kommen
zelten	aus Fladenteig

Die Mundartautoren dieses Buches

Fridolin Holzer

Fridolin Holzer (1876–1939), gebürtig aus Lindenberg, war einer der ersten Mundartdichter, die im westallgäuer Dialekt schrieben und dichteten. Mit seinen Veröffentlichungen in den 30er-Jahren des 20. Jahrhunderts machte er auf die Feinheiten dieser Mundart aufmerksam und widmete sich der scheinbar schwer zu lösenden Aufgabe, die fremdartig klingenden und ursprünglichen Laute dieser Mundart in Versmaß und Reim zu bringen. Damit hat er diesem alten und geschichtsträchtigen Dialekt ein bleibendes Denkmal gesetzt. (Gedichtband Weiler 1967)

Pauline Abler

Pauline Abler wurde 1889 als Tochter des Schuhmachers Leimberer in Wangen geboren. Ihre Erinnerungen reichten noch weit bis

vor den Ersten Weltkrieg zurück. 1914 heiratete sie nach Esslingen und kehrte erst 1950 ins Allgäu zurück. Sie starb 1982 in Litzis bei Opfenbach und hinterließ eine ganze Reihe von Mundartgedichten, die von der Familie Schöllhorn, deren Tante Pauline Abler war, aufbewahrt wurden.

Franzsika Schiele

Die Mundartautorin wurde 1923 in Muthen bei Mariathann (Gemeinde Hergatz) geboren und verbrachte ihre Kindheit- und Jugendzeit auf einem Bauernhof. Dort erlebte sie die harte Arbeit auf einem Allgäuer Hof, aber auch die kleinen Freuden des Jahresbrauchtums. Mit 60 Jahren begann sie, ihre Kindheitserinnerungen aufzuschreiben und machte durch Veröffentlichungen in der „Schwäbischen Zeitung" und durch ihr erstes Büchle „Wie's früher bei uns war" (Wangen 1994) auf sich aufmerksam. Ihre Gedichte und Erzählungen beschreiben mit genauer Beobachtungsgabe und Sinn für Humor eine Zeit, die heute schon fast vergessen zu sein scheint.

Edwin Wölfle

Edwin Wölfle wurde 1942 in Laimnau geboren und war Lehrer in Wangen. Schon früh beschäftigte er sich mit der westallgäuer Mundart, indem er den Wortschatz erforschte und über 100 Mundart-Artikel in der „Schwäbischen Zeitung" in Wangen veröffentlichte mit dem Titel „D'Arge nuf und d'Arge nab". Auch sonst war er in der Heimatpflege im württembergischen Allgäu tätig. Er starb 2008.

Literatur

BÄUMKER, W., Das katholische dt. Kirchenlied (4 Bände), Reprint Hildesheim 1962

BECK, RUDOLF, Christmette bei Kerzenschein, Wie man Advent und Weihnachten in der alten Grafschaft Zeil feierte, in: Das schöne Allgäu, 12/1986, S, 31.

BIRLINGER, Volkstümliches aus Schwaben

BOHNEBERGER, K., Beschreibung des Oberamts Tettnang, Stuttgart 1915.

BOHNEBERGER, K. (HRG.), Volkskundliche Überlieferungen in Württemberg (= Band 5 der Forschungen und Berichte zur Volkskunde in Baden-Württemberg), Stuttgart 1980.

BÜCHELE, B., Ratzenried – Eine Allgäuer Heimatgeschichte, Band III, Ratzenried, 1990 (Kapitel Brauchtum).

BÜCHELE, B., Von der weißen und schwarzen Magie, Ravensburg 1992 (= „Merkwürdig", Band 9).

FRISCH, O., Der Komponist P. F. Schnizer, Veröff. des Stadtarchivs Bad Wurzach, 1985.

GRUBER, ANTON, Die westallgäuer Mundart, hrg. vom Landkreis Lindau 1987, 2 Bände.

KREISLANDFRAUENVERBAND WANGEN, Feine Bauernküche aus dem württemb. Allgäu, Wangen 1993.

MEIER, ERNST, Deutsche Sagen, Sitten und Gebräuche aus Schwaben, Stuttgart 1852.

MOSER, P., Das Jahres- und Lebensbrauchtum der Landgemeinde Kißlegg im Allgäu, unveröff. Masch.schr., Kißlegg 1954.

PAILLER, W., Weihnachtslieder und Krippenspiele aus Österreich und Tirol, Innsbruck 1881.

REISER, K., Sagen und Gebräuche des Allgäus, 2 Bände, Kempten 1895, Reprint Hildesheim 1979.

Renz, R., Volkskundliches zum Jahresende aus Schwaben, unveröffntl. Manuskript in der Landesstelle für Volkskunde in Stuttgart.
Verschiedene Autoren: Konferenzaufsätze von Lehrern um 1900, in: Landesstelle für Volkskunde Stuttgart.
Walchner, K., Alt-Wangener Erinnerungen, Wangen 1955.
Zeller, K., So war's einmal im Allgäu, Kempten 1976.

Notenhefte und -bücher
Büchele, Berthold, Vom Klosetag bis Wihnächte, Wangen 1996, 120 S. (darin ca. 60 Lieder mit Noten).
Büchele, Berthold, Deftige Barockmusik aus Oberschwaben, Die Ostracher Liederhandschrift, Ratzenried 1993.
Büchele, Berthold, Schwäbisch g'sunge, Lieder und Bräuche aus Oberschwaben und aus dem Allgäu, Leutkirch 2000, 304 S.
Büchele, Berthold, Tänze aus Oberschwaben und dem Allgäu:
- Heft I: Barock (1994, 88 S.)
 - Heft II: Klassik (1995, 88 S.)
 - Heft III: 19. Jh. (2010, 52 S.).
Büchele, Berthold, Tänze aus Oberschwaben und aus dem Allgäu, bearbeitet für Blockflötenquartett
- Heft 1 (1999, 24 S.)
- Heft 2 (2001, 24 S.).

CDs
Büchele, Berthold, Barocke Weihnachtsmusik aus Oberschwaben, CD (2008).
Büchele, Berthold, Weihnachtliche Volksmusik aus dem Allgäu, CD (2010).
Die Stadt Wangen hat 1994 eine CD produziert, auf der einige Wangener Klâsê- und Weihnachtslieder sowie einige Instrumentalstücke aus dem Allgäu aufgenommen sind.

Berühmte Schwaben
Eckart Schörle

ISBN: 978-3-95400-102-6 | 10,00 €

Auf de schwäbsche Eisebahne. Eine Schwabenhymne
Eckart Schörle

ISBN: 978-3-86680-988-8 | 10,00 €

Memmingen
Christoph Engelhard

ISBN: 978-3-86680-476-0 | 17,90 €

Weihnachten auf der Schwäbischen Alb
Helmut Bader

ISBN: 978-3-86680-212-2 | 9,95 €

Weitere Bücher aus Ihrer Region finden Sie unter:
www.suttonverlag.de